高等职业教育
工程造价专业系列教材

GAODENG ZHIYE JIAOYU
GONGCHENG ZAOJIA ZHUANYE XILIE JIAOCAI

工程成本会计学 （第3版）

GONGCHENG CHENGBEN
KUAIJI XUE

编 著／盛文俊

重庆大学出版社

内容提要

本书以国家最新颁布的《企业会计准则》等为编写依据,紧密结合建筑企业的施工生产特点,简明扼要地介绍了会计的基础知识,全面系统地介绍了工程成本会计的基本理论、基本知识和基本方法。全书共 10 章,主要内容包括会计基础知识,工程成本会计概述,工程人工成本、材料成本、折旧及其他费用、辅助生产成本和机械作业成本、间接成本的核算,工程成本的明细分类核算,工程成本结算与决算,工程成本会计报表的编制与成本分析。为了便于组织教学和自学,在各章后均附有复习思考题。

本书可作为高等职业教育工程造价、建设工程管理等专业的教学用书,也可供建筑企业在职财会人员业务学习参考。

图书在版编目(CIP)数据

工程成本会计学 / 盛文俊编著. -- 3 版. -- 重庆：重庆大学出版社, 2022.12
高等职业教育工程造价专业系列教材
ISBN 978-7-5624-2599-1

Ⅰ. ①工… Ⅱ. ①盛… Ⅲ. ①建筑工程—成本会计—高等职业教育—教材 Ⅳ. ①F407.967.2

中国版本图书馆 CIP 数据核字(2022)第 041164 号

高等职业教育工程造价专业系列教材

工程成本会计学
(第 3 版)
盛文俊 编著

责任编辑:刘颖果　　版式设计:刘颖果
责任校对:夏　宇　　责任印制:赵　晟

*

重庆大学出版社出版发行
出版人:饶帮华
社址:重庆市沙坪坝区大学城西路 21 号
邮编:401331
电话:(023) 88617190　88617185(中小学)
传真:(023) 88617186　88617166
网址:http://www.cqup.com.cn
邮箱:fxk@ cqup.com.cn(营销中心)
全国新华书店经销
重庆市联谊印务有限公司印刷

*

开本:787mm×1092mm　1/16　印张:11　字数:283 千
2002 年 9 月第 1 版　2022 年 12 月第 3 版　2022 年 12 月第 23 次印刷
印数:73 001—75 000
ISBN 978-7-5624-2599-1　定价:33.00 元

前　言

《工程成本会计学》自 2002 年出版以来,在教学中已经使用 20 年,受到各高职院校师生的好评。在 2012 年,根据建设工程计价模式的变化所引起的工程成本组成内容及核算方式的变化,对本书进行了修订再版。本次改版主要根据《建筑安装工程费用项目组成》(建标〔2013〕44 号)、《企业会计准则第 9 号——职工薪酬》(财会〔2014〕8 号)、《企业会计准则第 14 号——收入》(财会〔2017〕22 号)、《关于全面推开营业税改征增值税试点的通知》(财税〔2016〕36 号)、《关于调整增值税税率的通知》(财税〔2018〕32 号),以及国家现行清单计价规范和地区 2018 年建设工程计价定额等的规定和要求,对本书作了较大调整和修改。本次改版主要修订内容如下:

一是根据最新颁布的企业会计准则,对会计科目设置和核算内容进行了调整;

二是随着建筑企业营业税改征增值税的实施,将增值税从成本中分离出来;

三是根据建筑安装工程费用划分标准和建设工程工程量清单计价规范,对工程成本项目的划分、核算内容和成本核算方法作了较大改动;

四是根据地区 2018 年建设工程计价定额,对例题中的人工、材料、机械台班价格等作了调整,使之适应当前的价格水平。

本书共 10 章,紧密结合建筑企业的施工生产特点,简明扼要地介绍了会计的基础知识,全面系统地介绍了现代工程成本会计核算的基本理论、基本知识和基本方法,并对工程成本分析作了较详尽的阐述。为便于组织教学和自学,每章后均有小结和复习思考题。

本书第 1 版和第 2 版由盛文俊编著;第 3 版第 1 章由张洪修订,其余各章由盛文俊修订。

对于本书在再版中存在的不足之处,恳请读者提出批评和指正,以便进一步修改、补充和完善。

编　者

2022 年 5 月

目　录

第1章　会计基础知识

　　工程成本会计是建筑企业会计的组成部分之一,它是会计的基本理论和基本方法在企业工程成本管理方面的具体运用。为了便于工程造价管理等非会计类专业学生学习本课程,本章就会计的基本理论和基本方法作一初步介绍。

1.1　会计的基本概念

1.1.1　什么是会计

　　会计是由于生产的发展和人们管理经济活动的需要而产生、发展并不断完善起来的。大家知道,人类社会最基本的实践活动是生产活动,只有通过生产活动才能获得人们所必需的物质资料,以满足自身生活及社会发展的需要。生产活动一方面创造物质财富,另一方面又要发生劳动耗费。人们在进行生产活动时,总是力求以尽可能少的劳动耗费,创造出尽可能多的物质财富,取得尽可能大的经济效益。为此,就必须采用一定的方法对生产活动进行管理,而这种管理的一个重要方面则是通过会计管理进行的。随着社会经济的发展和生产过程的日趋复杂,会计管理也变得越来越重要。在社会主义市场经济条件下,会计管理是经济管理的重要组成部分。

　　所谓会计,是指以货币为主要计量单位,运用专门的方法和程序,对单位的经济活动进行完整的、连续的、系统的核算和监督,以提供经济信息和提高经济效益为主要目的的一种经济管理活动。

1.1.2　会计的职能

　　会计的职能是指会计在经济管理中所具有的功能。会计对经济活动的管理,是通过反映与监督这两种基本职能来实现的。

（1）反映的职能

反映的职能是指会计如实地计量、记录经济活动过程及结果,并对大量、零星的数据进行计算、整理、分类和汇总,使之转换为系统的会计信息,然后以财务会计报告的形式传递给信息使用者。

（2）监督的职能

监督的职能是指会计严格按照国家的财务会计法规、制度,以及各单位的计划或预算,对经济活动过程进行控制和检查,以维护财经纪律和公共财产的安全与完整。

1.1.3　会计的组成

会计一般包括会计核算、会计分析和会计检查三个组成部分,它们共同完成会计反映与监督的职能。

（1）会计核算

会计核算是指对各类经济活动所进行的记录、计算、分类和汇总,借以取得有关经济活动过程和结果的数据资料。

（2）会计分析

会计分析是指利用会计核算资料,对各种经济活动过程和结果进行分析和考核,借以评价其工作业绩。

（3）会计检查

会计检查是指根据会计核算提供的资料,对各类经济活动的合理性、合法性和有效性,以及核算资料的可靠性所进行的审核与检查,以维护国家的有关政策法规、保护投资人的合法权益及保证各单位经济活动的正确方向。

1.1.4　会计的基本特点

会计具有以下基本特点:

①以货币作为主要计量单位,对各类经济活动过程和结果进行综合计量,从而取得经济管理所必需的各种数据资料;

②对各类经济活动的综合反映是全面、系统和连续的;

③具有一套完整、严密的会计方法,这些方法相互配合,就构成了反映和监督各类经济活动的方法体系。

1.1.5　会计的分类

由于国民经济各部门、各企业、各单位的经济活动具有不同的特点,因而在运用会计进行经济管理时,也就形成了各种专业会计,如工业会计、商业会计、银行会计、行政事业单位会计等。这些专业会计按其反映的经济活动的共同性,又可划分为企业会计和预算会计两大类别。企业会计是指各种从事生产经营活动或直接为生产经营活动服务的企业中的会计,它主要反映企业生产资金循环情况及其结果;预算会计是指不从事生产经营活动,而只是执行国家预算任务的行政事业单位中的会计,它主要反映行政事业单位预算资金的收支情况及其结果。企业会计按其反映和监督的具体内容的不同,可分为财务会计、成本会计和管理会计。财务会计是指通过财务报表为企业及企业以外的投资人、主要债权人等提供决策所需的财务信息的会计;成本会计是指对企业生产过程中的资金耗费进行反映和监督,并为企业经营者提供生产决策所需的成本信息的会计;管理会计是指为企业经营者提供决策所需的未来信息的会计。

财务会计、成本会计和管理会计之间存在着密切的联系。一是它们的最终目的都是为了决策;二是它们之间相互提供信息。由此可见,它们虽各有侧重但又有联系,从而构成了企业会计学科体系的三大分支。工程成本会计学属于成本会计的组成部分。

1.2　会计要素

会计要素是会计提供的信息系统的具体内容,是财务报表反映的基本指标。会计工作就是围绕着会计要素的确认、计量、记录和报告开展的。因此,明确会计要素的具体内容,既是做好会计核算工作的需要,也是理解财务报表的需要。

下面我们以企业会计为例具体讲述会计要素及后面的会计科目、会计记账等内容。

1.2.1　建立会计要素的客观理论依据

在社会主义市场经济条件下,价值规律仍然在发生作用,社会产品仍然是使用价值和价值的统一体。因此,社会主义企业的生产资料、劳动产品和劳动耗费都具有一定量的价值,且可以采用货币的价值形态来反映和表现。社会主义企业再生产过程中拥有的财产物资价值的货币表现,称为资金。

在企业的生产经营活动中,从购买和组织材料供应、产品生产,到将产品销售给购买单位,财产物资不断地运动,由一种实物形态转化为另一种实物形态,这就是企业的再生产活动。与之相适应,财产物资的价值形态也不断地发生变化,由一种价值形态转化为另一种价值形态,这就是企业的资金运动。企业资金周而复始不断地运动(循环),一方面实现生产经营的目标;另一方面获得利润,使资金得以增值,从而既能发展企业的生产经营业务、扩大再生产,又能为国家提供积累。

企业的资金运动分为静态运动与动态运动。静态运动是指从某一时点(如月末、年末)去观察企业的资金运动状况,包括资金的分布状况和资金的来源渠道。资金的分布状况表现为各种资产占用在企业生产经营的各个环节,按其性质分为流动资产和非流动资产;资金的来源渠道,包括投资人投入的资本和向银行等金融机构借入及结算过程中形成的负债两个方面的内容。动态运动是指从某一时期(如月份、年度)去观察企业的资金运动状况,包括:供应阶段企业在物资采购及固定资产购建过程中发生的物资采购成本及固定资产购建成本;生产阶段企业在产品生产过程中发生的生产成本;销售阶段企业因办理产品的销售所取得的收入;行政及资金管理过程中所发生的管理费用与财务费用。以企业的收入补偿成本和费用后的差额即为利润。

企业会计作为企业管理的组成部分,主要是反映企业的经济活动状况及其结果,也就是反映企业资金运动状况及其结果。而由上述企业资金运动可知,企业资金无论在运动中作何种形态变化,总离不开资产、负债、所有者权益(企业净资产)、收入、费用(生产经营中的各种耗费)和利润6个方面的内容,这6个方面即称为企业会计的会计要素。企业会计要素的具体经济内容就构成了企业会计的对象。

1.2.2 会计要素的具体内容

1)资产

资产是指企业过去的交易或事项形成的,由企业拥有或者控制的预期会给企业带来经济利益的资源。按经济内容,资产可分为流动资产和非流动资产。非流动资产包括长期应收款、长期股权投资、固定资产、无形资产、长期待摊费用、其他非流动资产等。

(1)流动资产

流动资产指可以在1年内或超过1年的一个营业周期内变现或者运用的资产。它包括货币资金(如现金、银行存款)、应收及预付款项(如应收账款、应收票据、预付账款和其他应收款)、存货(如库存材料、周转材料)等。

(2)固定资产

固定资产指企业为生产产品、提供劳务、出租或者经营管理而持有的,使用年限在1年以上,单位价值达到一定标准并在使用过程中保持原有的物质形态的资产。它包括房屋及建筑物、机器设备和运输工具等。

(3)无形资产

无形资产指企业拥有或控制的没有实物形态的可辨认非货币性资产。它包括专利权、非专利技术、商标权、土地使用权等。

(4)其他资产

其他资产指除以上各项目以外的资产,如长期待摊费用等。

2)负债

负债是指企业过去的交易或事项形成的,预期会导致经济利益流出企业的现时义务。上述所称的经济利益是指直接或间接流入企业的现金或现金等价物。

企业负债按其偿还期限的长短可分为:

(1)流动负债

流动负债指将在1年或超过1年的一个营业周期内偿还的债务。它包括短期借款、应付票据、应付账款、应付职工薪酬、其他应付款等。

(2)非流动负债

非流动负债指偿还期在1年或者超过1年的一个营业周期以上的债务。它包括长期借款、应付债券、长期应付款等。

3)所有者权益

所有者权益是指企业资产扣除负债后,由所有者享有的剩余权益。其来源包括所有者投入的资本、直接计入所有者权益的利得和损失、留存收益等。所有者权益包括:

(1)实收资本

实收资本指投资者按照企业章程,或合同、协议的约定,实际投入企业的资本。

(2)资本公积

资本公积指由投资者投入但不能构成实收资本,或从其他来源取得的由所有投资人共同享有的资金。它包括股本(资本)溢价、接受捐赠资产、拨款转入、外币资本折算差额等内容。

(3)盈余公积

盈余公积指企业按照规定,从净利润中提取的各种积累资金。它包括法定盈余公积、任意盈余公积等。

(4)未分配利润

未分配利润指尚未分配的结存利润,其数额等于期初未分配利润加上本期实现的净利润,减去提取的各种盈余公积和分出利润后的余额。

4)收入

收入是企业在日常活动中所形成的会导致所有者权益增加的,与所有者投入资本无关的经济利益的总流入。

企业的收入,按其形成的原因分为销售商品收入、提供劳务收入和让渡资产使用权收入。

企业的收入,按企业经营业务的主次可分为:

(1)主营业务收入

主营业务收入指企业日常经营活动的主要业务活动所取得的收入。如工业企业的产品销售收入、工业性作业收入等;商品流通企业的商品销售收入;建筑承包企业的工程价款结算收入等。

(2)其他业务收入

其他业务收入指企业除主营业务以外的其他日常业务活动所取得的收入。如工业企业的材料销售及提供非工业性劳务等的收入。

5)费用

费用是指企业在日常活动中所发生的会导致所有者权益减少的,与向所有者分配利润无关的经济利益的总流出。包括:

(1)营业成本

营业成本是企业为生产产品、提供劳务而发生的各项耗费,包括物化劳动的耗费和活劳动的耗费。如工业企业在产品生产过程中的材料耗用、计提的固定资产折旧费、支付的生产工人工资和其他生产费用等,构成产品的生产成本。

(2)销售费用

销售费用指企业在销售商品过程中发生的费用,包括商品的运输费、装卸费、包装费、广告费等。

(3)管理费用

管理费用指企业为组织和管理企业生产经营所发生的各项费用,包括公司经费、工会经费、劳动保险费等。

(4)财务费用

财务费用指企业为筹集生产经营所需资金等而发生的费用,包括利息支出、银行手续费等。

上述(2)—(4)项为期间费用,即费用发生后直接计入当期损益。

6)利润

利润是指企业在一定会计期间的经营成果,是收入与支出的差额。按其构成内容包括:

(1)营业利润

营业利润指企业在一定时期内从事经营活动取得的利润,包括主营业务利润、其他业务利润、投资净收益、其他收益、资产处置收益等。

(2)营业外收支净额

营业外收支净额指与企业生产经营没有直接关系的各种其他收入和支出相抵后的差额。

为了保证企业生产经营活动的顺利进行,必须对上述6个会计要素逐项予以反映和监督。因此,会计反映和监督的具体内容包括以下几个方面:资产的构成及其在生产经营过程中的增减变动情况;负债的形成及偿还情况;所有者权益的构成及其增减变动情况;费用的形成情况;收入的取得、利润的形成及分配情况。

1.3 会计核算的基本前提和原则

1.3.1 会计核算的基本前提

会计核算的基本前提是会计核算工作中赖以存在的一些前提条件,它是企业确定会计核算对象、选择会计方法的重要依据。会计核算的基本前提包括会计主体、持续经营、会计分期和货币计量。

(1)会计主体

会计主体指会计工作为其服务的特定对象,即财务会计报告所要反映的具体单位。

划清会计主体,通过核算会计主体范围内的经济活动,才能正确反映会计主体的财务状况和经营成果。会计主体可以是法人如企业,也可以是非法人如合伙经营单位;可以是一个企业,也可以是企业中的内部单位,如企业的分公司或设立的事业部;可以是单个企业,也可以是几个企业组成的企业集团,如由若干个子公司和母公司组成的企业集团等。

(2)持续经营

持续经营指在可以预见的将来,企业或会计主体将按当前的规模和状态继续经营下去,不会停业。

持续经营对企业会计方法的选择有着很大影响,企业会计核算上所采用的一系列会计方法,如固定资产在使用年限内逐步计提折旧,无形资产在有效期内按期摊销,企业负担的债务按照规定的条件偿还,按照权责发生制原则进行收入和费用的确认等,都是建立在持续经营前提下的。当企业停业后,在清算的情况下,会计核算就不能采用建立在持续经营前提下的会计处理方法,而应执行企业清算的会计处理方法。

(3)会计分期

会计分期指将一个企业持续经营的生产经营活动,划分为长短相同的期间,在连续反映的基础上,分期结算账目、计算盈亏,并编制财务会计报告。

根据《企业会计准则》的规定,企业会计分期有年度、半年度、季度、月度几种,其起讫日期均采用公历日期。一般来说,年度为一个完整的会计分期,其他则称为会计中期。

会计分期对会计理论和实务均有重大影响。如权责发生制原则,就是建立在会计分期这个前提下的。

(4)货币计量

货币计量指采用货币作为计量单位,记录和反映企业的生产经营活动。

在市场经济条件下,货币是一般等价物,只有采用货币计量,才能综合、全面地反映企业的生产经营活动。

根据货币计量这一前提,企业会计核算必须选用一种货币作为记账本位币。我国会计制度规定,人民币为企业的记账本位币。业务收支以人民币以外的货币为主的企业,可以选定其中一种货币作为记账本位币,但是编制的财务会计报告应当折算为人民币。

会计的计量单位为人民币元。

1.3.2　会计原则

会计原则是指会计工作中必须遵循的基本规范和规则。它体现着社会化大生产对会计核算的要求,是会计核算基本规律的高度概括和总结。根据我国《企业会计准则》的规定,会计核算的一般原则有:

(1)真实性原则

真实性原则指会计核算应当以实际发生的交易或事项,以及证明这些交易或事项发生的原始凭证为依据,如实反映财务状况、经营成果和现金流量,从而保证提供的会计信息真实可靠,以作为有关方面进行正确决策的依据。

(2)相关性原则

相关性原则指会计核算提供的会计信息应当能够反映企业的财务状况、经营成果和现金流量,同时又能满足有关方面的要求和需要,如应当符合国家宏观经济管理的要求,满足企业内部加强内部经营管理的需要,满足其他有关各方了解企业财务状况、经营成果和现金流量的需要。只有这样,才能充分发挥会计信息的作用。

(3)一贯性原则

一贯性原则指会计处理方法前后各期应当一致,不得随意变更。这样才可以将不同时期的会计信息进行纵向比较分析,有利于正确揭示企业的经营成果及发展趋势,从而提高会计信息的使用价值。如确有必要变更,应当将变更的内容、变更的理由、变更的累积影响数,以及累积影响数不能合理确定的理由等,在财务报告中说明。

(4)可比性原则

可比性原则指要求不同的企业采用统一规定的会计处理方法进行会计核算,从而提供相同口径的会计指标,便于相互比较,以满足国民经济宏观调控的需要。

(5)及时性原则

及时性原则指应当按照规定的时间,及时提供会计信息,以满足有关方面管理的需要,从而充分发挥会计信息应有的作用。为此,应及时收集、加工处理和传递会计信息,以提高会计信息的时效性。

(6)明晰性原则

明晰性原则是指会计记录和会计报表必须清晰明了,有利于会计信息使用者准确、完整地把握会计信息的内容,从而更好地加以利用。

(7)权责发生制原则

权责发生制原则指各企业在持续经营期间不断取得的收入和发生的成本费用,应当以受益为标准确定各个会计期间的归属,从而正确反映各期应得的收入和应计的成本费用,以核算各期的损益(财务成果)。为此,凡属本期已经实现的收入,不论款项是否收到,都作为本期收入处理;凡属本期应该负担的成本费用,不论款项是否付出,都应作为本期的成本费用处理。反之,凡不应归属本期的收入,即使收到款项,也不作本期收入处理;凡不应归属本期的成本费用,即使其款项已经付出,也不作为本期的成本费用处理。

(8)实质重于形式原则

企业应当按照交易或事项的经济实质进行会计确认、计量和报告,不应仅以交易或事项的法律形式为依据。

(9)谨慎原则

谨慎原则指在会计核算中对于可能发生的损失或费用,应当合理预计并登记入账,不可高估资产或收益、低估负债或费用。在市场经济条件下,企业在生产经营过程中可能要遇到各种风险,如材料涨价、应收款项无法收回、固定资产因技术进步而提前报废等。为了提高承担风险的能力,就需要对各种可能发生的损失和费用进行合理预计。

(10)按实际成本计价原则

实际成本又称历史成本或原始成本。按实际成本计价,是指企业所拥有的各项资产,都应按取得时所支付或应支付的全部货币支出进行计价。即使物价发生变动,一般都不作调整。资产按实际成本计价,有原始凭证为依据,比较客观与真实可靠,可以随时验证,同时也不需时常调整会计记录,简化了核算手续。当然,对于个别确实无法查明其历史成本的,或按国家规定对资产进行重新估价的,才按重置成本计价。

(11)重要性原则

重要性原则是指在会计核算过程中对交易或事项应当区别其重要程度,采用不同的核算方法。对于重要的经济业务,在财务报告中应当单独反映,不得遗漏或隐瞒不报,而对于一般的经济业务可以合并反映。坚持重要性原则,使会计信息在全面的基础上分清主次,既有利于财务报告使用者有重点地使用会计信息,也可以减少会计核算的工作量。

1.4 会计科目和账户

设置会计科目和账户是对会计要素具体内容进行分类反映和监督的一种专门方法。这是因为,会计要素的内容,即需提供的会计信息是复杂多样的,要对各项内容进行系统地反映和监督,就需要对它们进行适当地分类(设置会计科目),并据以开设账户,以取得各种不同性质的会计信息指标。

1.4.1 会计科目

会计科目是对会计要素具体内容进行分类的项目,整个会计科目体系也就是会计所应提供的会计信息体系。为了系统地反映企业会计的具体内容,必须设置和运用会计科目。正确设置和运用会计科目,对于正确、及时、系统地反映企业的经济活动状况,以及为设置账户、编制凭证、登记账簿和编制财务会计报告,都有着十分重要的作用。

1) 会计科目的设置

企业会计科目的设置,应能全面反映会计要素的内容,满足会计核算的要求,并符合企业会计管理的需要。根据《企业会计准则》的规定,企业会计核算的主要会计科目如表1.1所示。

上述各会计科目之间相互联系、相互补充,构成了一个完整的会计信息系统。通过这个信息系统,就可以全面反映企业的财务状况、经营成果和现金流量,从而为各有关方面提供一系列管理所需的会计核算指标。

2) 会计科目的分类

(1) 按会计科目所反映的经济内容分类

按会计科目所反映的经济内容可分为资产类科目、负债类科目、所有者权益类科目、成本类科目和损益类科目。资产类科目按资金流动性质的不同,又可分为流动资产类科目(如"库存现金"、"原材料"等科目)和非流动资产类科目(如"固定资产"、"累计折旧"等科目);负债类科目分为流动负债类科目(如"短期借款"科目)和非流动负债类科目(如"长期借款"、"长期应付款"等科目);所有者权益类科目包括投资人投入资金科目(如"实收资本"科目)和经营过程中形成的未分配利润科目(如"本年利润"、"利润分配"科目);成本类科目按照生产内容的不同,分为生产类科目(如"生产成本"科目)和劳务提供类科目(如"劳务成本"科目);损益类科目又分为收入类科目(如"主营业务收入"科目)和支出类科目(如"主营业务成本"科目)。

表 1.1　企业主要会计科目表

序号	科目编码	科目名称	序号	科目编码	科目名称
		一、资产类	34	2211	应付职工薪酬
1	1001	库存现金	35	2221	应交税费
2	1002	银行存款	36	2241	其他应付款
3	1101	交易性金融资产	37	2601	长期借款
4	1121	应收票据	38	2801	长期应付款
5	1122	应收账款			**三、所有者权益类**
6	1123	预付账款	39	4001	实收资本
7	1131	应收股利	40	4002	资本公积
8	1132	应收利息	41	4101	盈余公积
9	1231	其他应收款	42	4103	本年利润
10	1241	坏账准备	43	4104	利润分配
11	1401	材料采购			**四、成本类**
12	1403	原材料	44	5001	生产成本
13	1404	材料成本差异	45	5101	制造费用
14	1406	库存商品	46	5201	劳务成本
15	1411	委托加工物资	47	5301	研发支出
16	1431	周转材料	48	5401	工程施工
17	1461	存货跌价准备	49	5402	工程结算
18	1524	长期股权投资	50	5403	机械作业
19	1525	长期股权投资减值准备			**五、损益类**
20	1601	固定资产	51	6001	主营业务收入
21	1602	累计折旧	52	6051	其他业务收入
22	1603	固定资产减值准备	53	6111	投资收益
23	1604	在建工程	54	6117	其他收益
24	1606	固定资产清理	55	6301	营业外收入
25	1701	无形资产	56	6401	主营业务成本
26	1702	累计摊销	57	6402	其他业务成本
27	1703	无形资产减值准备	58	6405	税金及附加
28	1801	长期待摊费用	59	6601	销售费用
29	1901	待处理财产损溢	60	6602	管理费用
		二、负债类	61	6603	财务费用
30	2001	短期借款	62	6701	资产减值损失
31	2201	应付票据	63	6711	营业外支出
32	2202	应付账款	64	6801	所得税费用
33	2205	预收账款	65	6901	以前年度损益调整

(2)按会计科目所提供核算指标的详简程度分类

按会计科目所提供核算指标的详简程度,可分为总分类科目和明细分类科目。总分类科目又称总账科目或一级科目,是对经济活动具体内容进行总括分类,提供总括核算指标的科目。上述会计科目表中所列示的会计科目,就是总分类科目。明细分类科目是在总分类科目基础上对会计对象具体内容所作的进一步分类,包括二级科目和明细科目。二级科目是在总分类科目之下,对该科目所反映的经济内容再分类而设置的会计科目;明细科目是在二级科目或直接在总分类科目之下,按其所反映的经济内容的性质再细分所设置的会计科目。明细分类科目提供详细、具体的会计核算指标。

上述总分类科目和明细分类科目之间,在性质上是从属关系。例如,为了总括反映企业原材料的情况,需要设置"原材料"总分类科目,而为了详细反映各类材料或各种材料的情况,就需要在"原材料"总分类科目下,按材料类别设置二级科目,并按材料品种设置明细科目。

1.4.2 账户

账户是具有一定结构、能反映某一会计科目的核算内容,并能连续登记经济业务数量变化及结果的记账实体。它是按会计科目所确定的经济内容,分类记录经济业务的工具。账户是按照会计科目设置的,会计科目的名称就是相应账户的名称。

1)账户的基本结构

为了在账户中记录每项经济业务,每个账户既要有明确的经济内容,又要有便于记账的结构。在企业的生产活动过程中,各项经济业务所引起的会计要素具体内容的变化虽然是错综复杂的,但从数据方面看,不外乎增加和减少两种情况。因此,要把账户划分为两部分:一部分记录增加数,另一部分记录减少数。通常把账户划分为左、右两方,用于记录经济业务所引起的会计要素具体内容的增加数和减少数,这就是账户的基本结构。账户的基本结构在教学中常简化为"丁"字形账户,如图 1.1 所示。

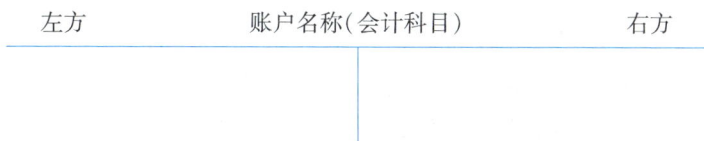

左方	账户名称(会计科目)	右方

图 1.1　账户基本结构图

账户分为左、右两方,用于记录经济业务所引起的会计要素具体内容的增加与减少,但究竟哪一方记录增加数、哪一方记录减少数,这要根据各个账户所反映的经济内容,即它的性质和采用的记账方法的要求来确定。为了反映资产与负债和所有者权益的平衡关系,对资产与负债和所有者权益的增减变动,应在有关账户中作相反方向的记录。

每个账户在一定时期内所记录的金额合计数称为本期发生额,增加方金额合计数称为增加方本期发生额,减少方金额合计数称为减少方本期发生额。每个账户的增加方合计数与减少方合计数相抵后的差额称为余额,本期期初余额是上期期末余额,本期期末余额是下期期初余额。

在会计实务中,账户的结构还受到记账方法的制约。如采用借贷记账法时,账户的左方规定为"借方",右方规定为"贷方"。为了便于考查,账户结构中还应包括日期、凭证号和摘要等内容。账户的基本格式如表 1.2 所示。

表1.2　账户的基本格式

账户名称(会计科目)：

年		凭证字号	摘要	借方	贷方	余额
月	日					

2)账户的分类

由于账户是根据会计科目设置的,所以账户与会计科目的分类是一致的。账户按其记录的经济内容可分为资产类账户、负债类账户、所有者权益类账户、成本类账户和损益类账户。按其记录会计要素具体内容的详简程度可分为总分类账户和明细分类账户,即一级账户、二级账户以及三级(明细)账户。

1.5　借贷记账法

1.5.1　复式记账的理论依据

借贷记账法是一种复式记账方法。为了便于理解借贷记账法,下面先介绍复式记账的理论依据。

企业根据会计科目开设账户后,还要运用一定的记账方法才能把发生的经济业务在账户中进行连续、系统地登记。所谓记账方法,是指根据一定的原理和规则,采用一定的记账符号,在账户中登记经济业务的一种专门方法。记账方法有单式记账法和复式记账法两种,现代会计一般采用复式记账法。复式记账法也称复式记账,是指对发生的每一项经济业务,要求按相等的金额同时记入两个或两个以上相互联系的账户的记账方法。采用这种方法,可以全面、相互联系地反映一项经济业务所引起的会计要素具体内容的变化情况,可以了解有关账户之间的对应关系和平衡关系,便于检查账户记录的正确性,从而保证会计工作的质量。

复式记账的理论依据是资产与负债和所有者权益的平衡关系。因为资产与负债和所有者权益是同一资金的两个方面,负债和所有者权益说明资金从哪里来,资产说明资金用到哪里去了,所以资产与负债和所有者权益在金额上必须相等。用等式表示就是：

$$资产=负债+所有者权益$$

任何一项经济业务的发生,都会引起资金的运动变化,尽管这种变化是错综复杂的,但不外乎以下几种情况:从各种渠道取得资金时,资产与负债或所有者权益同时增加;当资金退出时,资产与负债或所有者权益同时减少;当资金在内部运动时,只能引起资产、负债或所有者权益内部有关项目之间的增减变化。因此,任何经济业务的发生,都不会打破资产与负债和所有者权益之间的平衡关系。

由于企业在生产过程中发生的成本费用,在尚未从收入中获得补偿之前,实际上仍是一种

资产的占用形态;在经营过程中取得的收入,在尚未补偿支出之前,实质上是一种新的资金来源,因而前述会计等式可扩充为:

$$资产+成本费用=负债+所有者权益+收入$$

上述扩充后的会计等式的经济内容和数学上的等量关系,全面地反映了企业资金运动的内容和实际联系。因此,它是建立复式记账方法的客观理论依据。

国际上通行的复式记账法是借贷记账法,我国《企业会计准则》亦规定会计记账采用借贷记账法,因此本书对各类经济业务的会计处理均按借贷记账法阐述。

1.5.2 借贷记账法的基本要点

借贷记账法是以"借"和"贷"作为记账符号,用来反映会计要素具体内容增减变动及其结果的一种复式记账方法。其基本要点为:

(1)以"借"和"贷"作为记账符号,反映资金的增减变动及其结果

借贷记账法把每一账户的左方规定为"借方"、右方规定为"贷方",因而账户的基本结构就划分为借方、贷方和余额三部分。至于哪一方记录增加、哪一方记录减少,则要根据账户(会计科目)的性质来决定,具体规定如下所示:

借方	贷方
资产增加	资产减少
负债减少	负债增加
所有者权益减少	所有者权益增加
成本费用增加	成本费用转销
收入转销	收入增加

(2)以"有借必有贷,借贷必相等"作为记账规则

记账规则是指采用复式记账方法在账户中记录经济业务的基本规律,它是会计账务处理必须遵循的依据。在采用借贷记账法时,对于每一项经济业务,都要以相等的金额,按借贷相反的方向,在两个或两个以上相互联系的账户中进行连续、分类的记录。现举例说明如下:

①以银行存款 10 000 元购入材料一批,已验收入库。

这项经济业务发生后,引起一项资产"银行存款"减少,应记入该账户的贷方;另一项资产"原材料"增加,应以相等的金额记入该账户的借方。在账户中登记结果如图 1.2 所示。

借方	银行存款	贷方		借方	原 材 料	贷方
		10 000 ——①——>		10 000		

图 1.2 账户登记结果图(1)

②向某购货单位预收购货款 500 000 元,款已存入银行。

这项经济业务发生后,引起负债"预收账款"增加,应记入该账户贷方;同时引起资产"银

行存款"增加,应以相等金额记入该账户的借方。登记结果如图 1.3 所示。

借方	预收账款	贷方		借方	银行存款	贷方
		500 000 ——②——→ 500 000				

图 1.3　账户登记结果图(2)

③收到投资人拨入全新机械设备一批,计 60 000 元,作为对本企业的投资。

这项经济业务发生后,引起所有者权益"实收资本"增加,应记入该账户贷方;同时引起资产"固定资产"增加,应以相等金额记入该账户借方。登记结果如图 1.4 所示。

借方	实收资本	贷方		借方	固定资产	贷方
		60 000 ——③——→ 60 000				

图 1.4　账户登记结果图(3)

④产品生产领用材料 700 000 元。

这项经济业务发生后,引起资产"原材料"减少,应记入该账户贷方;同时引起成本"生产成本"增加,应以相等金额记入该账户借方。登记结果如图 1.5 所示。

借方	原材料	贷方		借方	生产成本	贷方
	700 000 ——④——→ 700 000					

图 1.5　账户登记结果图(4)

⑤根据产品销售凭证,确认本月应收产品销售款 1 500 000 元。

这项经济业务发生后,引起收入"主营业务收入"增加,应记入该账户贷方;同时引起资产"应收账款"增加,应以相等的金额记入该账户的借方。登记结果如图 1.6 所示。

借方	主营业务收入	贷方		借方	应收账款	贷方
		1 500 000 ——⑤——→ 1 500 000				

图 1.6　账户登记结果图(5)

由上可见,任何一项经济业务的发生,其账务处理都是遵循"有借必有贷,借贷必相等"的记账规则。也就是说,在记入一个或多个账户借方的同时,记入一个或多个账户的贷方;记入借方账户的总金额和记入贷方账户的总金额必然相等。

(3)以借方金额和贷方金额相等的关系,作为会计记录试算平衡的依据

试算平衡是指根据平衡公式来检查各类账户的登记是否正确的一种会计处理方法。在采用借贷记账法的条件下,根据其记账规则记账,其结果必然是:每一项经济业务是借方金额等

于贷方金额;定期汇总是所有账户借方本期发生额等于贷方本期发生额;期末结账是所有账户的借方余额合计等于贷方余额合计。用等式表示即为:

$$借方金额=贷方金额$$

通过上述等式,就可以检查每一项会计记录、一定会计期间所有会计记录及期末会计账户余额的正确性。

1.5.3　账户对应关系和会计分录

账户对应关系是指应用复式记账法登记经济业务时,在有关账户之间所形成的对照关系。如上例第 1 笔以银行存款购入材料这项经济业务,作借记"原材料"账户、贷记"银行存款"账户的记录,就形成了"原材料"账户的借方同"银行存款"账户的贷方相对应的关系。具有对应关系的账户就称为对应账户,上述"原材料"账户和"银行存款"账户就是对应账户。通过账户的对应关系,就可以全面了解每一项经济业务的具体内容。

为了确定账户的对应关系,如实地反映经济业务的内容,对发生的经济业务在未记入账户之前,先要编制会计分录。所谓会计分录,是指对每项经济业务按复式记账的要求,列示应借、应贷账户及其金额的一种会计记录。

在登记账户之前编制会计分录,有利于保证账户记录的正确性,并便于事后检查。编制会计分录的基本要求是:

- 在分析经济业务的基础上,确定应记账户的名称及记账方向;
- 借方账户写在上行,贷方账户写在下行,账户后面列示金额。

现以上面的 5 笔经济业务为例,列示会计分录如下:

①借:原材料　　　　　　　　　　　10 000
　　贷:银行存款　　　　　　　　　　　　10 000
②借:银行存款　　　　　　　　　　500 000
　　贷:预收账款　　　　　　　　　　　　500 000
③借:固定资产　　　　　　　　　　　60 000
　　贷:实收资本　　　　　　　　　　　　60 000
④借:生产成本　　　　　　　　　　700 000
　　贷:原材料　　　　　　　　　　　　　700 000
⑤借:应收账款　　　　　　　　　1 500 000
　　贷:主营业务收入　　　　　　　　　1 500 000

上述会计分录,是由一个账户的借方和另一个账户的贷方相对应而组合成的分录,叫做简单分录。在实际工作中,也可编制复合分录。复合分录是由一个账户的一方(借方或贷方)和另几个账户的一方(贷方或借方)相对应而组合成的分录,它实际上是由若干简单分录合并而成的。编制复合分录既可集中反映某项经济业务的全貌,又能简化核算手续。现举例说明如下:

⑥以银行存款 25 000 元购入物资一批,其中:材料 20 000 元,工具用具 5 000 元。可编制如下复合会计分录:

借:原材料　　　　　　　　　　　　20 000
　　周转材料　　　　　　　　　　　5 000
　　贷:银行存款　　　　　　　　　　　25 000

上述复合分录也可分解为简单分录：

借：原材料   20 000

    贷：银行存款   20 000

借：周转材料   5 000

    贷：银行存款   5 000

1.5.4 借贷记账法的应用

1) 日常序时核算和定期总结核算相结合

日常序时核算是指按照经济业务发生的先后顺序所组织的会计核算工作。其基本内容是：根据实际发生的经济业务编制会计分录，然后根据会计分录在账户中进行登记。通过序时核算，可以全面、系统、完整地反映企业经济活动的全貌。

定期总结核算是指在一定会计期间，对登记在账户中的经济业务进行汇总，从而提供有关会计信息所组织的会计核算工作。其基本内容是：根据账户记录结出本期发生额和余额，然后进行试算平衡，在试算平衡的基础上编制财务报表。

综上所述，日常序时核算和定期总结核算的程序可归结为：

- 根据实际发生的经济业务编制会计分录；
- 根据会计分录在有关的账户中进行登记；
- 期末结出各账户的发生额和余额；
- 进行试算平衡；
- 编制财务报表。

现以企业常见的经济业务为例，说明采用借贷记账法进行日常序时核算和定期总结核算的基本做法。

假设某企业6月份各账户的期初余额如表1.3所示。

表1.3　会计账户余额表

账户名称	借方金额	贷方金额	账户名称	借方金额	贷方金额
库存现金	5 000		短期借款		300 000
银行存款	200 000		预收账款		400 000
应收账款	100 000		应付账款		60 000
其他应收款	12 000		实收资本		904 500
固定资产	850 000		本年利润		113 700
累计折旧		130 000	合计	1 908 200	1 908 200
原材料	625 000				
周转材料	103 600				
生产成本	12 600				

本月发生的经济业务，除前举的6笔外，尚发生以下业务：

⑦以银行存款120 000元购入机械设备一台。可作如下会计分录：

借:固定资产   120 000

  贷:银行存款   120 000

⑧根据"工资分配表",应付产品生产人员工资170 000元。可作如下会计分录:

借:生产成本   170 000

  贷:应付职工薪酬   170 000

⑨向乙单位购进材料一批,价款80 000元,料已入库,款项暂欠。可作如下会计分录:

借:原材料   80 000

  贷:应付账款   80 000

⑩根据"职工福利费计提分配表",计提产品生产人员福利费23 800元。可作如下会计分录:

借:生产成本   23 800

  贷:应付职工薪酬   23 800

⑪结转本月产品销售收入1 500 000元。可作如下会计分录:

借:主营业务收入   1 500 000

  贷:本年利润   1 500 000

⑫结转本月完工产品成本900 000元。可作如下会计分录:

借:库存商品   900 000

  贷:生产成本   900 000

⑬结转本月已售产品成本885 600元。可作如下会计分录:

借:主营业务成本   885 600

  贷:库存商品   885 600

同时

借:本年利润   885 600

  贷:主营业务成本   885 600

根据以上会计分录,在有关账户中登记结果如图1.7所示。

库存现金	
期初余额 5 000	
期末余额 5 000	

银行存款	
期初余额 200 000	(1) 10 000
(2) 500 000	(6) 25 000
	(7) 120 000
本期发生额 500 000	本期发生额 155 000
期末余额 545 000	

应收账款	
期初余额 100 000	
(5) 1 500 000	
本期发生额 1 500 000	
期末余额 1 600 000	

其他应收款	
期初余额 12 000	
期末余额 12 000	

固定资产

期初余额	850 000		
(3)	60 000		
(7)	120 000		
本期发生额	180 000		
期末余额	1 030 000		

应付职工薪酬

		(8)	170 000
		(10)	23 800
		本期发生额	193 800
		期末余额	193 800

原材料

期初余额	625 000	(4)	700 000
(1)	10 000		
(6)	20 000		
(9)	80 000		
本期发生额	110 000	本期发生额	700 000
期末余额	35 000		

周转材料

期初余额	103 600		
(6)	5 000		
本期发生额	5 000		
期末余额	108 600		

短期借款

		期初余额	300 000
		期末余额	300 000

预收账款

		期初余额	400 000
		(2)	500 000
		本期发生额	500 000
		期末余额	900 000

累计折旧

		期初余额	130 000
		期末余额	130 000

应付账款

		期初余额	60 000
		(9)	80 000
		本期发生额	80 000
		期末余额	140 000

生产成本

期初余额	12 600	(12)	900 000
(4)	700 000		
(8)	170 000		
(10)	23 800		
本期发生额	893 800	本期发生额	900 000
期末余额	6 400		

实收资本

		期初余额	904 500
		(3)	60 000
		本期发生额	60 000
		期末余额	964 500

	主营业务成本					主营业务收入		

<table>
<tr><td colspan="2" align="center">主营业务成本</td></tr>
<tr><td>（13）　885 600</td><td>（13）　885 600</td></tr>
<tr><td>本期发生额　885 600</td><td>本期发生额　885 600</td></tr>
</table>

<table>
<tr><td colspan="2" align="center">主营业务收入</td></tr>
<tr><td>（11）　1 500 000</td><td>（5）　1 500 000</td></tr>
<tr><td>本期发生额　1 500 000</td><td>本期发生额　1 500 000</td></tr>
</table>

<table>
<tr><td colspan="2" align="center">库存商品</td></tr>
<tr><td>（12）　900 000</td><td>（13）　885 600</td></tr>
<tr><td>本期发生额　900 000</td><td>本期发生额　885 600</td></tr>
<tr><td>期末余额　14 400</td><td></td></tr>
</table>

<table>
<tr><td colspan="2" align="center">本年利润</td></tr>
<tr><td>（13）　885 600</td><td>期初余额　113 700</td></tr>
<tr><td></td><td>（11）　1 500 000</td></tr>
<tr><td>本期发生额　885 600</td><td>本期发生额　1 500 000</td></tr>
<tr><td></td><td>期末余额　728 100</td></tr>
</table>

图 1.7　账户登记结果图

　　根据以上各账户期初余额、本期发生额和期末余额，即可编制总分类账户本期发生额与期末余额试算平衡表，据以检查账户记录是否正确，并为编制有关的财务报表提供依据。其格式如表 1.4 所示。

表 1.4　总分类账户本期发生额与期末余额试算平衡表

账户名称	期初余额		本期发生额		期末余额	
	借方	贷方	借方	贷方	借方	贷方
库存现金	5 000				5 000	
银行存款	200 000		500 000	155 000	545 000	
应收账款	100 000		1 500 000		1 600 000	
其他应收款	12 000				12 000	
原材料	625 000		110 000	700 000	35 000	
库存商品			900 000	885 600	14 400	
周转材料	103 600		5 000		108 600	
固定资产	850 000		180 000		1 030 000	
累计折旧		130 000				130 000
生产成本	12 600		893 800	900 000	6 400	
短期借款		300 000				300 000
预收账款		400 000		500 000		900 000
应付账款		60 000		80 000		140 000
应付职工薪酬				193 800		193 800
实收资本		904 500		60 000		964 500
主营业务收入			1 500 000	1 500 000		
主营业务成本			885 600	885 600		
本年利润		113 700	885 600	1 500 000		728 100
合计	1 908 200	1 908 200	7 360 000	7 360 000	3 356 400	3 356 400

根据上述试算平衡表(见表 1.4)中的有关资料,就可以编制"资产负债表"和"利润表"等财务报表。资产负债表是综合反映某一时日企业资产、负债和所有者权益状况的财务报表,利润表是反映企业在一定时期损益形成情况的财务报表。现列示其一般格式如表 1.5、表 1.6所示。

表 1.5 资产负债表

20××年 6 月 30 日

资产	金额	负债及所有者权益	金额
流动资产:		流动负债:	
货币资金	550 000	短期借款	300 000
应收账款	1 600 000	预收账款	900 000
其他应收款	12 000	应付账款	140 000
存货	164 400	应付职工薪酬	193 800
流动资产小计	2 326 400	流动负债小计	1 533 800
固定资产:		非流动负债:	
固定资产原价	1 030 000		
减:累计折旧	130 000	所有者权益:	
固定资产净值	900 000	实收资本	964 500
其他非流动资产:		未分配利润	728 100
非流动资产小计		所有者权益小计	1 692 600
合计	3 226 400	合计	3 226 400

表 1.6 利润表

20××年 6 月

项目	行次	本月数	本年累计数
营业收入	1	1 500 000	
减:营业成本	2	885 600	
税金及附加	3		
营业利润	4	614 400	

2)总分类核算和明细分类核算相结合

总分类核算是指根据总账科目开设账户所组织的会计核算,通过总分类核算可以提供各项总括会计数据指标。明细分类核算是根据明细分类科目(二级或明细科目)开设账户所组织的会计核算,通过明细分类核算可以提供某一会计要素具体内容的详细数据指标。总分类核算和明细分类核算在会计核算中,相互补充地说明同一事物,只是提供的数据指标的详细程度不同。因此,在采用复式记账法登记账户时,登记总分类账户和明细分类账户应当采用平行登记的方法。所谓平行登记法,是指对发生的经济业务,既要记入有关的总分类账户,同时又要记入其所属的明细分类账户,两者方向一致、金额相等、依据相同。其基本要点是:

(1)方向一致

方向一致即对发生的经济业务,在总分类账户中记借方(或贷方),在明细分类账户中也应记借方(或贷方)。

(2)金额相等

金额相等即记入总分类账户的金额与记入所属明细分类账户的金额之和必须相等。

(3)依据相同

依据相同即登记总分类账户及其所属明细分类账户的资料,都必须以反映该项经济业务的同一原始资料为依据。

现以"应付账款"账户为例,说明总分类账户和明细分类账户的平行登记方法。

假设某企业"应付账款"总分类账户 4 月份月初的结余额为 50 000 元,所属明细账户:甲单位 30 000 元,乙单位 20 000 元。当月发生的有关经济业务为:

①5 日向甲单位购入材料 35 000 元,款项暂欠,料已入库。可作如下会计分录:

借:原材料　　　　　　　　　　　　35 000

　　贷:应付账款——甲单位　　　　　　　35 000

②10 日以银行存款 10 000 元,偿还原欠乙单位的购料款。可作如下会计分录:

借:应付账款——乙单位　　　　　　10 000

　　贷:银行存款　　　　　　　　　　　　10 000

③20 日向乙单位购入工具用具 14 000 元,料已入库,货款未付。可作如下会计分录:

借:周转材料　　　　　　　　　　　14 000

　　贷:应付账款——乙单位　　　　　　　14 000

根据以上经济业务的会计分录,在"应付账款"总分类账户和所属明细分类账户中进行平行登记,结果如表 1.7、表 1.8、表 1.9 所示。

表 1.7　应付账款总分类账户

年		凭证字号	摘要	借方	贷方	余额
月	日					
4	1		月初余额			50 000
4	5	(1)	向甲单位购入材料一批		35 000	
4	10	(2)	偿还乙单位欠款	10 000		
4	20	(3)	向乙单位购入工具用具		14 000	
4	30		本月发生额及月末余额	10 000	49 000	89 000

表 1.8　应付账款明细分类账户

账户名称:甲单位

年		凭证字号	摘要	借方	贷方	余额
月	日					
4	1		月初余额			30 000
4	5	（1）	购入材料货款暂欠		35 000	
4	30		本月发生额及月末余额		35 000	65 000

表 1.9　应付账款明细分类账户

账户名称:乙单位

年		凭证字号	摘要	借方	贷方	余额
月	日					
4	1		月初余额			20 000
4	10	（2）	偿还欠款	10 000		
4	20	（3）	购入工具用具		14 000	
4	30		本月发生额及月末余额	10 000	14 000	24 000

根据以上账户记录,可编制"明细分类账户本期发生额及余额明细表",如表 1.10 所示。根据本表可进行试算平衡。

表 1.10　应付账款明细分类账户本期发生额及余额明细表

明细账户	期初余额		本期发生额		期末余额	
	借方	贷方	借方	贷方	借方	贷方
甲单位		30 000		35 000		65 000
乙单位		20 000	10 000	14 000		24 000
合计		50 000	10 000	49 000		89 000

从表 1.10 可以看出,平行登记的结果存在着以下几个相等关系:

$$\text{总分类账户期初余额} = \text{所属各个明细分类账户期初余额之和}$$

$$\text{总分类账户借方(或贷方)本期发生额} = \text{所属各个明细分类账户借方(或贷方)本期发生额之和}$$

$$\frac{总分类账户}{期末余额} = \frac{所属各个明细分类账户}{期末余额之和}$$

我们就可以利用上述相等关系来检查总分类账户和明细分类账户记录的完整性和正确性,从而既提供总括的又提供具体的会计数据资料。

1.6　会计凭证、账簿与记账

为了使会计核算提供的会计信息能如实地反映企业的生产经营状况和经营成果,必须取得和填制可供事后验证的会计凭证,并根据会计凭证和规定的记账程序,在账簿中记录实际发生的经济业务,从而保证会计记录的正确性和真实性。为此,企业会计必须填制和审核会计凭证,设置和登记会计账簿。

1.6.1　会计凭证

1)会计凭证的作用与种类

会计凭证是指在会计核算中,为记载经济业务、明确经济责任,具有一定格式并作为记账依据的书面证明。在企业的经济活动过程中所发生的各项经济业务,都必须取得和填制各种会计凭证,并进行严格的审核才能作为登记账簿的依据。正确填制和严格审核会计凭证,可以正确反映经济业务的完成情况,保证账簿记录的正确性;可以检查各项经济业务是否合法合理,并便于明确经济责任。

会计凭证按其用途的不同,分为原始凭证和记账凭证两类。

原始凭证是在经济业务发生时取得或填制的,用以记录或证明经济业务发生或完成情况的书面凭据,如各种发票、收据、领料单等。原始凭证的种类和格式很多,但都要求说明经济业务的发生和完成情况,明确经办业务部门和人员的责任。一般来说,应具备以下基本内容:原始凭证名称,填制日期和编号,接受凭证单位的名称,经济业务的内容、实物数量、单价和金额,填制凭证单位名称及有关人员签章。原始凭证按其来源不同,可分为外来原始凭证和自制原始凭证。外来原始凭证是在经济业务发生时从其他单位取得的凭证,如购入材料的发票等;自制原始凭证是指本单位经办业务的人员在执行或完成经济业务时填制的凭证,如领料单等。

记账凭证是会计人员根据原始凭证编制的,用以确定会计分录,作为登记账簿的书面证明。一般应具备下列内容:凭证的名称、填制凭证的日期与编号、经济业务内容摘要、会计分录、所附原始凭证张数、有关人员签章。记账凭证按其反映的经济业务与货币资金的关系,可分为收款凭证、付款凭证和转账凭证。其格式如表1.11、表1.12、表1.13所示。

表 1.11　收款凭证

借方科目：　　　　　　　　　　年　　月　　日　　　　　　　　　　字第　号

对方单位 （交款人）	摘要	贷方科目		金额	记账
		总账科目	明细科目		
附件　　张		合计金额（大写）			

会计主管：　　　　记账：　　　　审核：　　　　出纳：　　　　制单：

表 1.12　付款凭证

贷方科目：　　　　　　　　　　年　　月　　日　　　　　　　　　　字第　号

对方单位 （取款人）	摘要	借方科目		金额	记账
		总账科目	明细科目		
附件　　张		合计金额（大写）			

会计主管：　　　　记账：　　　　审核：　　　　出纳：　　　　制单：

表 1.13　转账凭证

年　　月　　日　　　　　　　　　　字第　号

摘要	总账科目	明细科目	借方金额	贷方金额	记账
附件　　张	合计				

会计主管：　　　　记账：　　　　审核：　　　　　　　　　　制单：

2）会计凭证的填制与审核

（1）原始凭证的填制与审核

为了保证原始凭证能正确、真实地反映经济业务的完成情况，使其具有合法凭证的条件，填制原始凭证时应注意以下几点：凭证的内容必须填写齐全；书写正确、字迹清楚，属于复写的凭证必须写透；凭证填错要按规定方法更正，不得随意涂改。

对于接受的原始凭证，必须进行严格的审核，只有审核无误的原始凭证，才能作为会计处理的依据。原始凭证的审核也是会计监督的重要内容。原始凭证审核的基本方法:一是真实性、正确性审核,主要审核应填写的项目是否填写齐全,数字计算是否正确,有关经办单位和人员的签章是否完备;二是合理性、合法性审核,主要审核经济业务内容是否符合国家的政策、法律和制度规定及合同和计划的规定,有无违反制度及合同、扩大开支标准和浪费现象等。只有经过审核正确无误的原始凭证,才能办理会计手续,否则应退还给经办人员重新补办或拒绝办理。

(2)记账凭证的填制与审核

填制记账凭证,除了要遵守填制原始凭证的要求外,还应做到:以简明扼要的文字,概括地写清经济业务的内容,以便记账;根据原始凭证所反映的经济业务的内容,作出正确的会计分录;每张凭证要按规定的要求编号,并写明所附原始凭证的张数,以便日后查考。

为了保证账簿记录的正确性,对记账凭证也应进行审核。审核记账凭证的要点:反映的经济业务是否同所附经过审核的原始凭证的内容相一致;记账凭证所确定的会计分录是否正确;应填列的项目是否填写齐全,有关人员是否签章等。通过审核发现有错误的记账凭证,应查明原因后及时更正。

1.6.2 会计账簿

会计账簿是指由一定格式和相互联系的账页组成的,用于全面、系统、连续地记录和反映各项经济业务的簿籍。簿籍是账簿的外表形式,而账页(账户记录)则是账簿的内容。正确地设置和登记会计账簿,可以全面、系统、连续地反映经济业务所引起的会计要素具体内容的增减变化及其结果,为编制财务报告和进行财务分析提供资料。

1)会计账簿的设置

为了满足会计核算的需要,企业一般应设置以下几类账簿:

(1)日记账

日记账也称序时账,是按照经济业务发生的时间先后顺序、逐日逐笔进行登记的账簿。日记账有现金日记账和银行存款日记账两种,分别按"库存现金"和"银行存款"科目设置。日记账一般采用订本式账簿,其账页为三栏式。其一般格式如表 1.14 所示。

表 1.14 现金日记账

年		凭证字号	摘要	收入(借方)	支出(贷方)	余额
月	日					

（2）总分类账

总分类账又称总账，它是按照总账科目设置账户（账页），用于分类登记经济业务的账簿。总账一般采用三栏式的订本账，其格式与上述日记账基本相同。

（3）明细分类账

明细分类账又称明细账，它是根据总账科目所属的二级或明细科目设置账户（账页），用于详细登记某类经济业务的增减变化情况及结果的账簿。明细账一般采用活页式或卡片式账簿，其账页的格式有三栏式、多栏式和数量金额式几种。三栏式账页格式同上，数量金额式和多栏式账页举例如表1.15、表1.16所示。

表 1.15 材料明细账

品种：   计量单位：

规格：   存放地点：

年		凭证字号	摘要	收入			发出			结存		
月	日			数量	单价	金额	数量	单价	金额	数量	单价	金额

表 1.16 生产成本明细账

年		凭证字号	摘要	明细项目借方发生额			
月	日			直接人工	直接材料	制造费用	合计

2）会计账簿的登记

为了保证记账工作的质量，会计账簿登记的方法和要求是：

①启用账簿时应填制"账簿启用表"，并编制账户目录；调换记账人员时，应办理交接手续并签章。

②账簿记录应用蓝、黑墨水书写，要求书写工整、摘要清楚、数字准确。

③各种账簿要按编定的页次顺序连续记载，每记完一张账页需登记新账页时，应在其最后一行加计本月份的发生额并结出余额，在摘要栏内注明"过次页"，同时将上述发生额和余额记入新账页的第一行，在摘要栏内注明"承前页"。

④账簿记录发生错误，不准涂改、挖补、刮擦或用褪色药水消除字迹，不准重新抄写，应采用画线更正法或更正的记账凭证进行更正。

⑤当将本期内所发生的各项经济业务全部登记入账后,应当办理结账手续。结账时,应当结出每个账户的本期发生额和余额,并画出结账线。

⑥为了保证账簿记录的真实可靠,应当定期对账簿记录的有关数字与库存实物、货币资金、往来单位或者个人等进行相互核对,保证账证相符、账账相符、账实相符。

在会计电算化的条件下,上述登记账簿由计算机处理和完成后,打印装订归入会计档案。

1.6.3 记账程序

记账程序是指从填制与审核原始凭证开始,到填制记账凭证、登记账簿,直至编制财务会计报告的会计处理全过程。选择适用、合理的记账程序,对于保证会计核算工作的顺利进行,提高工作效率都有着重要作用。目前常用的记账程序有记账凭证记账程序、科目汇总表记账程序和汇总记账凭证记账程序等。由于科目汇总表记账程序记账手续简便,登记总分类账工作量小,因而在企业应用较广。科目汇总表记账程序的账务处理程序为:

①根据原始凭证(或原始凭证汇总表)编制记账凭证;

②根据记账凭证登记明细分类账和日记账;

③根据记账凭证编制科目汇总表;

④根据科目汇总表登记总分类账;

⑤在日记账、总分类账和明细分类账核对相符后,编制财务会计报告。

其账务处理程序如图1.8所示。

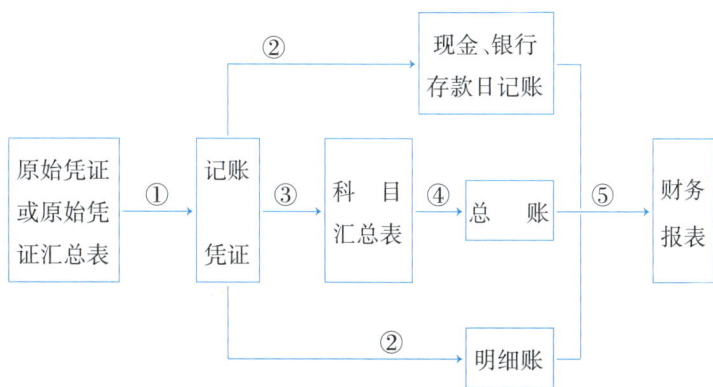

图1.8 科目汇总表记账程序图

科目汇总表的编制方法为:根据一定会计期的全部记账凭证,按照相同会计科目归类,定期(如每旬、半月或1月)汇总每一会计科目的借方和贷方发生额,填写在"科目汇总表"相应的栏内,然后加计合计数。其格式举例如表1.17所示。

采用科目汇总表登记总分类账,可以简化记账工作,同时记账前通过科目汇总表可以进行试算平衡,从而可以保证记账工作的正确性。

在会计电算化的条件下,上述记账程序,全部由计算机进行处理和生成。

表 1.17　科目汇总表

20××年 6 月 1 日至 6 月 30 日　　　　　　　汇字第　　　号

会计科目	账页	借方金额	贷方金额	记账凭证起讫号数		
库存现金		5 000	8 200	现字第　号至第　号		
银行存款		121 000	136 400	银字第　号至第　号		
原材料		150 000	170 000	转字第　号至第　号		
周转材料			6 000			
固定资产		8 000				
⋮						
合计		850 000	850 000			

本章小结

本章主要介绍会计基础知识。

会计是以货币为主要计量单位,对企业等单位的经济活动进行综合、全面、系统地反映,提供经济管理所需要的各种经济信息,同时对企业等单位的经济活动实施监督的一种管理活动。

会计反映和监督的具体内容称为会计要素。企业的会计要素包括资产、负债、所有者权益、成本费用、收入和利润。

会计核算应以会计主体、持续经营、会计分期和货币计量为前提条件,应遵循真实性、相关性、一贯性、可比性、及时性、明晰性、权责发生制、收入和支出相互配比、谨慎性、按实际成本计价、划分收益性支出与资本性支出和重要性原则。

组织会计核算,应设置会计科目和账户,并采用借贷记账法对企业发生的经济业务进行会计处理,提供经营管理所需要的会计信息。

为了使会计核算提供的会计信息能如实地反映企业的生产经营状况和经营成果,必须取得和填制会计凭证,设置和运用会计账簿,并根据会计凭证和规定的记账程序,在账簿中记录实际发生的经济业务,从而保证会计记录的真实性和正确性。

复习思考题

1.1　什么叫会计?它具有哪几个职能?

1.2　什么叫会计要素?它包括哪些基本内容?

1.3　什么叫会计核算的基本前提?什么叫会计原则?它们各包括哪些具体内容?

1.4　什么叫会计科目?什么叫账户?它们之间有什么关系?

1.5　借贷记账法的基本要点有哪些?

1.6 什么叫平行登记法？它的基本要点有哪些？

1.7 什么叫会计凭证？它包括哪些内容？其填制和审核的要求有哪些？

1.8 什么叫会计账簿？它是如何设置的？其登记方法和要求有哪些？

1.9 试述科目汇总表记账程序的账务处理程序。

1.10 练习借贷记账法的运用。

(1)资料:某企业20××年6月1日各总账账户余额如下表所示。

会计科目	借方金额	贷方金额	会计科目	借方金额	贷方金额
库存现金	15 000		预收账款		221 700
银行存款	450 000		应付职工薪酬		22 400
应收账款	354 000		其他应付款		224 500
其他应收款	52 700		长期借款		1 836 380
原材料	623 400		实收资本		1 000 000
固定资产	3 213 700		盈余公积		113 150
累计折旧		346 500	本年利润		212 170
短期借款		732 000	合计	4 708 800	4 708 800

本月发生下列经济业务:

①用银行存款 25 000 元,购入设备 3 台;

②向银行借入短期借款 200 000 元,款已存入银行;

③向某购货单位预收销货款 300 000 元,款已存入银行;

④产品生产领用材料 300 000 元;

⑤购入材料一批,已验收入库,计 200 000 元,款项尚未支付;

⑥以银行存款 10 400 元购入办公用品一批;

⑦提取固定资产折旧 30 000 元,其中:应分配计入生产成本 20 000 元、管理费用 10 000元;

⑧结算本月应付职工工资 60 000 元,其中:应分配计入生产成本 50 000 元、管理费用 10 000元;

⑨向银行提取现金 60 000 元,以备发放工资;

⑩以现金 60 000 元发放职工工资;

⑪按规定计提职工福利费 8 400 元,其中:应分配计入生产成本 7 000 元、管理费用 1 400元;

⑫本月生产完工的产品验收入库,计 370 000 元;

⑬对外销售产品一批,共计货款 400 000 元,除扣除预收销货款 300 000 元外,余额 100 000元收存银行;

⑭结转本月已售产品的实际成本 350 000 元;

⑮结转本月各收入账户于"本年利润"账户;

⑯结转本月各支出账户于"本年利润"账户。

(2)要求：

①根据上述经济业务编制会计分录；

②开设"丁"字形账户，登记期初余额和本期发生的经济业务，并结出本期发生额和余额；

③编制试算平衡表；

④编制资产负债表和利润表。

1.11 练习记账凭证的编制。

(1)资料：复习思考题 1.10 所列各项经济业务。

(2)要求：根据上述资料，分别填制收款凭证、付款凭证和转账凭证。

1.12 练习会计账簿的登记。

(1)资料：复习思考题 1.10 所列资料。

(2)要求：

①设置总分类账和日记账。

②根据复习思考题 1.11 所编的记账凭证，按"科目汇总表"记账程序，登记现金日记账、银行存款日记账和总分类账。

③结出各账户的发生额和余额。

第2章　工程成本会计概述

建筑安装工程的施工过程,既是承包工程的建造过程,又是物化劳动和活劳动的耗费过程。建筑企业在工程施工过程中所发生的各项耗费,称为工程成本。工程成本的高低,既反映了企业的施工与管理水平,同时也体现了企业在市场中的竞争力。因此,正确核算工程成本并加强工程成本管理,就成为建筑企业经营管理的重要内容。工程成本会计正是适应这种需求产生和发展起来的。本章主要介绍工程成本会计的特点、内容和任务以及工程成本的经济内容和分类方法,为完成工程成本会计任务而建立的组织机构形式,工程成本核算的意义、任务和基本要求,以及工程成本核算的基本程序。

2.1　工程成本会计的特点和内容

2.1.1　工程成本会计的特点

成本是一种耗费。

在企业的生产过程中,必然要耗费一定量的生产资料(劳动资料和劳动对象)和支付一定的人工工资,这些生产资料和人工工资的耗费用货币的价值形态表现则是企业的资金耗费,而这种企业资金耗费按一定对象进行归集,即构成该对象的成本。

企业是实行独立核算、以收抵支、自负盈亏的经济实体。它们从事生产经营活动所发生的资金耗费,必须通过实现的收入来补偿,并要求在补偿后应有盈余,以保证其经济活动的持续进行。这就要求企业必须对生产经营过程中发生的资金耗费进行核算,以确定补偿的尺度,同时还要对其进行分析和考核,总结施工与管理过程中的经验与教训,保证以收抵支,且有盈余。因此,成本也可表述为企业生产过程中必须在价值或实物上得到补偿的资金耗费。

根据企业资金耗费的归集对象不同,一般分为生产成本、销售成本、劳务成本等。建筑企业的承包工程建造成本则称为工程成本。

成本会计学是研究成本的确认、计量、记录、反映和考核的一门会计管理学科,是会计学的分支。工程成本会计学是研究工程成本的确认、计量、记录、反映和考核的一门会计管理学科,是成本会计学的组成部分。

由于建筑企业的生产经营活动具有自身的特点,因而工程成本会计亦具有一定的特点。

建筑企业是从事建筑安装工程建造的生产经营性企业。建筑安装工程包括:房屋建筑工程,包括公共建筑工程、住宅建筑工程、工业建筑工程;装饰工程;幕墙工程;仿古建筑工程;通用安装工程,包括机械设备、热力设备、电气设备、静置设备与工艺金属结构、建筑智能化、自动化控制仪表、通风空调、工业管道、消防、给排水采暖燃气等安装工程;市政工程,包括市政道路、桥梁、涵洞、排水、挡墙、广(停车)场,及给水、燃气、交通管理设施等工程;园林绿化工程;构筑物,包括烟囱、水塔、筒仓及贮池、生化池工程等;城市轨道交通工程,包括盾构工程、高架桥工程、地下工程、轨道工程,以及城市轨道交通的通信、信号、智能与控制、供电与机电安装工程等;人工及机械土石方工程;房屋修缮工程等。

从建筑企业承建的工程内容可以看出,建筑安装承包工程及其施工具有以下特点:

①由于每一建筑安装承包工程都是在不同的指定地点建造的,因此决定了建筑安装施工流动性的特点;

②由于每一建筑安装承包工程都具有独特的形式和结构,是按照单独的设计图纸建造的,因此建筑施工具有单件性的特点;

③由于建筑安装承包工程体积庞大、结构复杂,从开工到竣工少则数月、长则数年,因此建筑施工具有长期性的特点。

建筑安装承包工程及其施工特点决定了工程成本会计具有如下特点:

①分级核算在工程成本核算中具有重要作用。由于建筑安装承包工程施工的流动性,建筑安装承包工程施工往往分散在各项目现场进行,由建筑企业的内部各级施工单位,如分公司、项目部等组织施工,因此,只有采取分级核算,才能充分调动各级施工单位加强成本管理的积极性,不断降低工程成本,提高企业的盈利水平。

②工程成本的核算对象是各项建筑安装承包工程。由于建筑安装承包工程的单件性,为了反映各项承包工程的资金耗费,必须按照各项承包工程设置成本核算对象组织成本核算,这与工业企业按产品品种或类别设置成本核算对象组织成本核算有着显著区别。

③按在建工程办理工程成本的结算。工程成本的结算是指计算与确认各个时期的已完工程成本,然后与预算成本进行对比,组织工程成本的分析与考核,以总结建筑安装承包工程施工与管理的经验与教训,不断提高施工与管理水平的一项成本管理工作。由于建筑安装承包工程施工的长期性,只有定期计算和确认各期已完工程(相对于竣工工程而言为在建工程)的实际成本,然后与当期的预算成本进行对比,考核成本的节超情况,对施工活动进行适时控制,才能保证工程成本管理任务的完成。

④建筑产品一般采用定额计价法或工程量清单计价法进行计价,因而建筑安装工程费用根据现行定额的规定,包括直接费用(人工费、材料费、施工机具使用费和其他直接费)和间接费用(包括现场管理费、企业管理费和规费),上述建筑安装工程费用亦称预算成本。为了便于工程成本的计算、分析和考核,工程的实际成本应与预算成本相一致,即亦包括直接成本和间接成本。

2.1.2　工程成本会计的内容

工程成本会计的内容是指工程成本会计反映和监督的具体内容。工程成本会计研究的是建筑企业为建筑安装承包工程建造而发生的成本即工程成本,因此工程成本会计反映和监督的内容是指工程成本。

综上所述,工程成本会计的内容是建筑企业在建筑安装承包工程施工和管理过程中发生的生产费用和经营管理费用,即会计要素中的"成本费用"要素。而会计要素中的其他 5 个要素,则是财务会计的内容。

根据工程成本会计的特点,为了便于组织工程成本会计核算,可设置如表 2.1 所示会计科目。

表 2.1　工程成本会计常用会计科目表

序号	编号	科目名称	序号	编号	科目名称
		一、资产类	24	2211	应付职工薪酬
1	1001	库存现金	25	2221	应交税费
2	1002	银行存款	26	2241	其他应付款
3	1015	其他货币资金	27	2401	预提费用
4	1121	应收票据	28	2601	长期借款
5	1122	应收账款			**三、所有者权益类**
6	1123	预付账款	29	4001	实收资本
7	1231	其他应收款	30	4002	资本公积
8	1241	坏账准备	31	4101	盈余公积
9	1401	材料采购	32	4103	本年利润
10	1402	在途物资	33	4104	利润分配
11	1403	原材料			**四、成本类**
12	1404	材料成本差异	34	5401	工程施工
13	1431	周转材料	35	5402	工程结算
14	1411	委托加工物资	36	5403	机械作业
15	1412	包装物及低值易耗品			**五、损益类**
16	1501	待摊费用	37	6001	主营业务收入
17	1601	固定资产	38	6051	其他业务收入
18	1602	累计折旧	39	6301	营业外收入
19	1606	固定资产清理	40	6401	主营业务成本
		二、负债类	41	6402	其他业务成本
20	2001	短期借款	42	6405	营业税金及附加
21	2201	应付票据	43	6602	管理费用
22	2202	应付账款	44	6603	财务费用
23	2205	预收账款	45	6711	营业外支出

2.2　工程成本会计的任务

工程成本会计的任务,是指对工程成本会计内容进行反映和监督所要达到的目的和要求。它是由工程成本会计的内容和管理要求决定的。工程成本会计的根本任务就是促进建筑企业在生产经营过程中,合理组织工程施工,加强经济管理,讲求经济效果,从而为提高建筑企业的整体经济效益服务。围绕这个中心,工程成本会计的具体任务包括以下几个方面:

(1)进行成本预测,编制成本计划

在社会主义市场经济条件下,建筑企业应按照市场经济规律的要求,合理组织施工活动。为此,必须在施工活动过程中加强预见性和计划性,即面对市场,在认真分析过去的基础上,科学地预测未来,周密地对自身的各项经济活动实行计划管理。为了加强成本管理,建筑企业的成本会计工作应认真做好成本预测,并在成本预测的基础上科学编制成本计划。成本预测的目的:一是为挖掘降低成本的潜力指明方向,作为计划期降低成本决策的参考;二是为内部各单位降低成本指明途径,作为编制增产节约计划和制订降低成本措施的依据。成本计划是在成本预测的基础上编制的,用以确定建筑企业在计划期内完成一定数量的施工生产任务所需支出的各项费用水平,并提出降低成本的主要技术组织措施。成本计划是企业控制施工生产耗费,开展增产节约的依据,同时也为建立内部经济责任制和编制利润计划提供依据。

(2)正确、及时地进行工程成本核算

为了提供成本管理需要的各项经济信息,工程成本会计必须按照成本计算规则和程序,以及成本责任制的要求,正确组织工程成本的核算。为此,要按照国家规定的成本开支范围,正确计算成本,不得多记、少记或漏记;要按照权责发生制的原则,严格划清成本发生期限,分清前期成本、本期成本和后期成本的界限;对于摊销性费用,要正确确定摊销率,合理进行分摊等,从而保证成本信息的真实可靠,为企业正确进行成本决策提供条件。

(3)开展成本分析

工程成本是建筑企业一项极为重要的经济指标,它可以综合反映企业及其内部有关单位的工作业绩。因此,工程成本会计必须开展成本分析,考核成本计划的执行情况,总结成本管理工作中的经验教训,从而不断降低工程成本,提高企业的经济效益。成本分析是利用成本核算及其他有关资料,全面检查与考核成本的变动情况,系统研究影响成本升降的各种因素及其产生的原因,总结经验教训,并进一步寻找降低成本的潜力,以改进成本管理工作。同时,成本分析也为未来的成本预测与编制成本计划指明了方向。

(4)实施会计监督

为了加强宏观经济调控,国家制定了一系列政策、法规和制度,其中财政制度、财务制度和财经法规等与会计工作关系密切。工程成本会计应利用其监督职能,促使建筑企业严格执行国家的有关法规和制度,以保证施工生产活动合理、合法地进行。建筑企业占用的资产是进行施工生产活动的物质基础,工程成本会计应予以及时、正确地记录,还应定期或不定期地进行清查,以保证账实相符,从而保证企业资产的安全与完整。

上述工程成本会计的任务是相互联系、互为补充的。其中,进行成本核算、提供成本信息是其最基本的任务,也是工程成本会计的中心环节。这是因为,对成本的预测、计划、分析、考核,以及对各项成本支出进行监督,都是以成本核算提供的资料为依据的。因此,本书的主要内容是全面、系统地讲述工程成本核算的基本原理和工程成本计算的基本方法,成本预测、计划与分析只作简要介绍。

2.3 工程成本的经济内容

2.3.1 成本经济内容的客观理论依据

成本的经济内容是指成本的具体构成。按照马克思的劳动价值理论,即 $W = C + V + M$,产品的价值是由以下内容构成的:

①物化劳动转移的价值(C),包括固定资产损耗等劳动资料转移的价值和原材料等劳动对象消耗转移的价值;

②活劳动耗费创造的价值中,主要以工资形式支付给劳动者的报酬(V);

③活劳动耗费创造的价值中除劳动者报酬外的部分,表现为上交国家的税金和企业利润(M)。

产品价值中的 C 和 V 两部分,属于产品生产过程中的生产耗费,是形成产品价值的基础,因此是再生产过程中价值补偿的尺度,是成本内容的客观依据。成本的这一经济内涵,是一种高度的理论抽象和概括。这种符合客观经济内容的成本,称为理论成本。

在实际工作中,很难确定纯粹的 $C+V$ 这种理论成本,加之国家在一定范围内还要运用成本作为宏观经济管理的一种手段,因而使成本在 $C+V$ 与 M 之间存在着一定程度的流动性。国家根据不同时期经济管理的需要,规定成本开支范围,将某些不形成产品价值的支出如返工损失费、财产保险费等也列入成本,从而导致实际补偿价值和实际消耗的 $C+V$ 不一致,形成了现实的产品或工程成本。现实成本也就是会计账面成本,其基本原则是:一切与生产(施工)有关的支出都计入成本。

2.3.2 工程成本的经济内容

工程成本是与承包工程施工有关的各项耗费,具体包括:

①施工过程中耗用的构成工程实体或有助于工程形成的各种主要材料、结构件、机械配件、其他材料、周转材料、燃料、动力的原价、运杂费和采购保管费;

②按照规定的折旧率提取的固定资产折旧费,以及固定资产的大、中、小修理费用;

③按国家有关租赁费用的规定,支付的固定资产租赁费;

④按国家规定列入成本的施工和施工管理人员的标准工资和工资性津贴及奖金;

⑤按国家规定比例计算提取和支付的施工和施工管理人员的职工福利费;

⑥因工程返工所发生的损失费;

⑦参加财产保险和运输保险所缴纳的保险费;

⑧施工现场的办公费、差旅费、劳动保护费、检验试验费、临时设施费和其他费用(如定额测定费、定位复测费、工程点交费、场地清理费等);

⑨按照规定列入工程造价的其他有关费用和经财政部门审查批准列入成本的其他费用。

2.4 工程成本的分类

建筑安装承包工程施工过程中的耗费是多种多样的,为了便于归集各项费用开支,正确计算工程成本,考核成本的升降,必须对工程成本进行合理的分类。

2.4.1 按成本的经济内容分类

建筑安装承包工程的施工过程也是物化劳动(劳动对象和劳动资料)和活劳动(劳动力)的耗费过程,因此施工过程中发生的成本,按其经济内容可分为劳动对象的耗费、劳动资料的耗费和活劳动的耗费三大类。成本按经济内容的分类,就是在上述划分的基础上,将成本分为若干要素,具体划分为:

(1)外购材料

外购材料指建筑企业为进行工程施工而耗用的从外单位购进的主要材料、结构件、周转材料、机械配件和其他材料等的实际成本。

(2)外购动力

外购动力指建筑企业为进行工程施工而耗用的从外单位购进的各种动力价值。

(3)职工薪酬

职工薪酬指计入工程成本的职工工资和按照规定的标准提取或支付的职工福利费。

(4)固定资产折旧费

固定资产折旧费指按照规定的固定资产折旧方法计算提取的折旧费用。

(5)其他费用

其他费用指不属于以上各要素的支出,如邮电费、差旅费、租赁费等。

这种分类方法可以反映建筑企业在一定时期内资金耗费的构成和水平,可以为编制材料采购资金计划和劳动工资计划提供资料,也可以为制订物资储备资金计划及计算企业净产值和增加值提供资料。

2.4.2 按成本的经济用途分类

成本按经济内容分类,仅能说明在施工过程中耗费了什么,但不能说明在施工过程中的用途,以及是否经济合理。为此,对成本还应按经济用途进行分类。成本按经济用途可以划分为若干项目,这些项目称为成本项目。根据现行制度的规定,工程成本项目包括人工费、材料费、施工机具使用费、其他直接费和间接费用等。各成本项目的具体内容将在后面介绍。

这种分类方法可以正确反映工程成本的构成,便于组织成本的考核和分析,有利于加强成本管理。

2.4.3　按计入成本核算对象的方式分类

工程成本按计入成本核算对象的方式不同,可分为直接成本和间接成本。直接成本是指费用发生后可以直接计入各工程项目成本中的资金耗费,如能明确区分为某一工程项目耗用的材料、工资和施工机具使用费等。间接成本是指不能明确区分为某一工程项目耗用,需要先行归集,然后按规定标准间接地分配计入各项工程成本中的资金耗费,如间接费用。

将成本划分为直接成本和间接成本,对于正确计算工程成本有着十分重要的作用。凡是直接成本都应按照费用开支出的原始凭证直接计入成本核算对象,间接成本则要选择合理的分配标准分配记入成本核算对象。

2.4.4　按成本与产量(工程量)的关系分类

按成本与工程量的关系划分,可分为变动成本与固定成本。变动成本是指与工程量增减成比例变动的各项耗费,如材料、生产工人计件工资等。固定成本是指成本总额不随工程量增减而在一定限度内保持相对稳定的各项耗费,如固定资产折旧费、施工管理人员工资、办公费等。另外,有些成本虽然也随工程量的增减而发生变化,但它的变动幅度并不与工程量的增减成正比,这种成本称为半变动成本或半固定成本,如生产工具用具使用费、机械设备维修费等。

将成本划分为变动成本和固定成本,对于组织成本控制,分析成本升降原因,以及作出某些成本决策都是十分必要的。因为要降低成本中的变动成本,就需要从降低消耗着手;要降低固定成本,则要从节约开支、减少耗费数额着手。

2.4.5　按成本形成的时间分类

按照成本形成的时间进行分类,可分为会计期成本和工程周期成本。会计期成本是以会计核算期(如月、季、年)为基准,汇集和计算各项施工费用,如人工费、材料费、施工机具使用费、措施费和间接费用,即工程的会计期间成本。工程周期成本是指以承包工程的施工周期为基准,汇集计算承包工程自开工至竣工时的全部施工费用。

按会计期计算成本,可以将实际成本与预算进行对比,有利于各个时期的成本分析和考核,可以及时总结工程施工与管理的经验教训。按工程周期计算成本,有利于分析某一承包工程在施工全过程中的经验和教训,从而为进一步加强工程施工管理提供依据。

2.5　工程成本会计工作的组织

合理组织工程成本会计工作,是保证工程成本会计任务的完成、发挥工程成本会计在建筑企业施工生产经营管理中积极作用的重要条件。为了合理组织建筑企业的工程成本会计工作,必须按照国家规定,结合本企业的具体情况,设置工程成本会计机构,配备工程成本会计人员,执行与制定工程成本会计制度等。

2.5.1　设置工程成本会计机构,配备成本会计人员

工程成本会计机构是处理工程成本会计的职能部门,是建筑企业会计机构的一部分。工程成本会计机构设置是否适当,直接影响建筑企业工程成本会计工作的质量和效率。工程成本会计机构应根据建筑企业施工组织的特点和业务规模的大小合理设置。

建筑企业工程成本会计机构既可独立设置,也可在会计机构中专设工程成本会计组,负责工程成本会计工作。从目前我国建筑企业的实际情况看,一般都实行后一种形式。

工程成本会计工作的组织形式主要有集中核算和分散核算两种。

集中核算形式是指由建筑企业本部的工程成本会计机构负责全企业的工程成本核算、计划和分析等各项工作,企业所属的基层施工单位(如分公司、项目部等)只负责提供工程成本核算的有关原始资料。这种方式的特点是:有利于公司本部及时掌握企业有关成本信息,便于计算机进行成本数据处理,还可减少成本会计机构的层次和成本会计人员的数量。但这种方式不利于直接从事施工生产活动的基层单位及时掌握本单位的成本信息,不利于充分调动其自我控制成本的积极性。因此,这种方式适用于工程成本会计业务量不多的企业。

分散核算又称为分级核算,是指工程成本会计的核算、计划与分析等具体工作,由分散在建筑企业基层施工单位的工程成本会计机构或人员进行,公司本部的工程成本会计机构只负责工程成本数据的最后汇总,以及处理那些不便分散到基层施工单位的成本会计业务。

由于建筑安装承包工程施工流动性的特点,工程的施工活动分散在各工地进行,一般宜实行分级核算,这样才能充分调动各级建筑企业理财的积极性,保证降低工程成本计划指标的完成。

实行分级核算,各级工程成本会计工作的职责是:

①分公司或项目部一般实行内部独立核算,执行公司下达的降低成本计划指标,核算工程成本,考核产量、质量、工期、成本等指标,向所属基层施工班组下达降低成本任务,并检查和考核各项指标的完成情况。

②公司本部一般负责工程成本数据的最后汇总和期间费用的核算,制定内部成本管理制度,对所属单位核定或下达降低成本计划指标,并对全公司的工程成本进行考核和分析。

为了充分发挥工程成本会计机构的职能作用,还应配备好工程成本会计人员。工程成本会计人员除应具备一般会计人员的条件外,还应具备以下条件:既精于核算,又善于管理;既掌握国家有关政策法规,又熟悉工程的施工工艺。

2.5.2　执行国家会计法规和制度,并制定本企业的工程成本管理制度

工程成本会计法规和制度是建筑企业组织成本会计工作的规范和准则。全国性的工程成本会计法规和制度,由国家有关部门制定,一般包含在会计法规和制度中。

国家统一会计法规和制度包括3个层次,即《中华人民共和国会计法》《企业财务通则》、《企业会计准则》,以及《企业会计制度》和具体的会计准则。这些全国性的财务会计法规、制度中与成本会计工作有关的内容,是规范企业工程成本会计工作的依据。

建筑企业在工程成本会计工作中,除严格执行国家统一的成本会计法规和制度外,还应根

据本企业的具体情况,制定本企业的工程成本会计制度,作为企业进行工程成本会计工作的具体依据。建筑企业内部的工程成本会计制度主要包括以下内容:

①工程成本会计工作的组织、职责与权限;

②工程成本计划与编制方法;

③工程成本核算的具体规定;

④工程成本预测、分析制度;

⑤工程成本会计报表的种类、格式和编报方法等。

2.6 工程成本核算的意义和任务

2.6.1 工程成本核算的概念

工程成本核算是对发生的施工费用和形成的工程成本进行的会计处理工作。它是施工费用核算和工程成本计算的总称,重要部分是工程成本计算。

施工费用是指建筑企业在一定时期内(某一会计期间)的建筑安装承包工程施工过程中,所发生的各项耗费的货币表现。施工费用的核算是指对施工费用的确认、计量、归集等一系列的会计处理过程。施工费用是形成工程成本的基础。

所谓工程成本计算,是指按照成本核算对象和成本开支范围的规定,对应列入工程成本的施工费用,经过分类、归集和分配等一系列的计算程序,计算出全部工程总成本和每项工程成本的工作。

工程成本计算的内容包括预算成本计算和实际成本计算两个方面。预算成本是根据已完工程数量,按施工图预算所列单价和成本项目的核算内容进行分析、归类和计算的工程成本。它是控制成本支出、考核成本超节的依据。实际成本是根据工程施工过程中实际发生的施工费用,按照成本核算对象和成本项目归集的工程成本。已完工程的实际成本与预算成本相比较,就可以确定工程成本的超节额。

2.6.2 工程成本核算的意义

工程成本核算,可以反映和监督建筑企业各项施工费用的发生情况和工程成本的水平,并为分析工程成本的超节原因和挖掘降低成本的潜力提供科学依据。因此,工程成本核算是建筑企业经营管理工作的一项重要内容,在建筑企业的经营管理工作中具有十分重要的意义。具体地说:

①工程成本的计算、考核和分析可以反映建筑企业的施工和管理水平。这是因为,工程成本是工程施工过程中各项耗费的货币表现,集中地反映了建筑企业施工活动的经济效果。如劳动生产率的高低、施工机械的利用程度、材料使用的节约与浪费、工程质量的好坏、施工管理的水平等,都可以直接或间接地反映到工程成本指标上来。因此,考察工程成本指标,就可以发现施工及管理工作中取得的成绩和存在的问题,从而进一步加强成本管理,充分挖掘潜力,

努力降低成本,提高经济效益。

②工程成本核算可以确定施工耗费的补偿尺度。为了保证建筑企业再生产的不断进行,必须对施工过程中的资金耗费进行补偿。工程成本就是以货币形式反映建筑企业补偿价值大小的尺度。建筑企业在取得工程结算收入后,必须把相当于工程成本的数额划分出来,用以补偿施工过程中的资金耗费,这样才能维持资金周转按原有规模进行。同时,建筑企业取得的工程结算收入,除了补偿施工耗费外,剩余部分就是企业实现的纯收入。在工程结算收入一定的条件下,成本降低,企业纯收入就越多。由此可见,成本作为补偿施工耗费的尺度,对企业的发展亦有着重要影响。

③工程成本核算可以对各项施工耗费进行审核,有利于认真贯彻国家的财务管理制度。哪些费用应该计入成本,哪些费用不能计入成本,国家都有统一的规定,这称为成本开支范围。按照成本开支范围计列费用,不仅是正确核算成本的前提,也是必须遵守的财经纪律。因此,在工程成本核算过程中,对各项费用支出必须进行认真审核,凡符合成本开支范围的各项支出要积极支持,否则就应予以抵制。只有这样,才能保证国家的政策、法令、制度的贯彻落实,避免和减少不应有的浪费和损失,保证建筑企业经营活动的正确方向。

④工程成本核算可以为企业的施工生产经营决策提供重要依据。努力提高在市场上的竞争力,是社会主义市场经济条件下对企业的客观要求。在工程实行招投标制的条件下,企业之间的竞争加剧。竞争的内容既有工程质量和施工工期的竞争,也有工程价格的竞争。由于工程成本是决定工程价格的基础,因而工程成本的高低在一定程度上影响着企业的生存和发展。为此,企业应认真做好工程成本核算工作,及时为企业的施工生产经营决策提供成本信息,从而充分挖掘内部潜力,不断降低工程成本,提高企业的市场竞争能力。

2.6.3　工程成本核算的任务

工程成本核算的主要任务是:

①根据国家政策、法规和制度的规定,认真审核和控制工程施工费用的支出;

②正确、及时地归集和分配施工过程中发生的各项施工费用,按照规定的成本核算程序和方法计算工程的实际施工成本;

③正确计算工程预算成本,如实反映成本超节情况,为工程成本分析提供依据;

④正确编制工程竣工决算,及时总结工程施工管理的经验教训,促使建筑企业改善经营管理工作,降低工程成本,提高经济效益。

2.7　工程成本核算的基本要求

为了正确核算工程成本,完成工程成本核算的任务,充分发挥工程成本核算的作用,在工程成本核算中,除遵循会计核算的一般原则(如权责发生制原则、按实际成本计价的原则、客观性原则等)以外,还应符合以下几项基本要求。

2.7.1　正确划清各种成本的界限

为了正确计算工程成本,在进行工程成本核算时,必须正确划清以下几个方面的界限:

1) 划清应计入工程成本和不应计入工程成本的界限

建筑企业在生产经营过程中的资金耗费是多种多样的,其用途也是多方面的。要正确核算工程成本,必须按资金耗费的用途确定哪些应由工程成本负担,哪些不应由工程成本负担,以保证工程成本的真实性、客观性。

一般而言,凡是在承包工程施工过程中发生的资金耗费,应计入工程成本。下列耗费不应计入工程成本:

①用于购建固定资产所发生的费用属于资本性支出,应计入长期资产价值,至于其使用损耗价值则应分期计入工程成本或期间费用中;

②与生产经营业务无关的营业外支出,不应列入工程成本,而应计入当期损益。

2) 划清各个时期的成本界限

根据《企业会计准则》的规定,企业应按期计算成本,以便分析和考核生产经营计划的执行情况,因此必须正确划清各个时期成本的界限。凡本期支付而由本期成本负担的耗费,应全部计入本期工程成本;凡本期支付应由本期及以后各期共同负担的耗费,按其受益期在各期间合理计入工程成本;本期虽未支付,但应由本期成本负担的耗费,应按一定方法预先分配计入本期工程成本。只有这样,才能保证各个时期工程成本的真实性和可靠性。当然也要防止利用待摊和预提的方法任意调节工程成本的高低。

3) 划清各项工程的成本界限

计算工程成本,就是要以每项工程为对象计算每一项工程的成本,从而满足成本管理的需要。因此,每期发生的施工费用,都要在各成本核算对象之间,按照一定的原则、程序和方法进行分配。凡能直接确定应由某工程负担的成本,应直接计入该项工程成本;不能直接确认应由某工程负担的成本,应选择合理的分配方法进行分配计入各项工程成本。特别应注意防止在生产性建设工程与非生产性建设工程、盈利工程与亏损工程、承包工程与专项工程之间转移成本,借以掩盖成本超支或以盈补亏的现象发生,从而保证真实反映各工程的成本水平。

4) 划清已完工程与未完工程的成本界限

工程施工周期与会计核算期间不一致,往往在期末有未完施工存在。因此,在核算工程成本时,还应将各工程归集的成本在已完工程和未完工程之间进行分配,从而计算出已完工程成本,以便与工程预算成本对比,为考核工程成本超节、加强工程成本管理提供资料。

2.7.2　正确进行财产物资的计价和价值的结转

工程成本是工程施工过程中物化劳动消耗和活劳动消耗的货币表现。其中,物化劳动基本上是生产资料,它们的价值随着施工过程的进行而转移到工程成本中,这些生产资料的计价和价值结转的方法,如固定资产计价方法、折旧计算方法、修理费用的处理等都会直接影响工程成本。因此,为了正确计算工程成本,必须对财产物资进行合理的计价并正确进行价值的结转。

2.7.3 做好成本核算的各项基础工作

为保证成本核算质量,便于对成本实施有效的控制,必须做好成本核算的各项基础工作。

1)加强定额管理

定额是对工程施工过程中人力、物力、财力消耗所规定的数量标准。实行定额管理是控制施工耗费、促进增产节约的行之有效的制度。与工程施工有关的定额有劳动定额、施工定额、建筑安装工程预算定额和间接费用定额等。建筑企业对于国家或地区统一制定的定额,应认真贯彻执行;对于国家或地区定额缺项的部分,应按照规定制定补充定额。企业也可根据本企业的实际管理水平,制定本企业的定额。同时,对于各种物资的储备和消耗、工时利用、设备利用、资金占用及费用开支等,要制定内部管理定额。有了定额,就要按定额发料、用工、使用机械,控制施工耗费,从而充分发挥定额的积极作用。

2)建立和健全原始记录

成本核算的重要任务是对构成成本的各项耗费进行数据处理,从而确定各项工程的成本,为此,就要通过一定的方式取得各项数据。原始记录就是提供成本数据的主要方式。涉及成本业务方面的原始记录有工程任务单、工时利用记录、领(退)料单、施工机械使用记录、质量事故报告、未完施工盘点单等。原始记录必须真实、准确、及时。建筑企业要认真制定原始记录制度,做好各种原始记录的填制、传递、审核和保管工作,以便及时为工程成本核算提供原始资料。

3)做好财产物资的计量、收发和盘点工作

原始记录中的各项数据主要是从数量上反映建筑企业施工生产过程中各项财产物资的变动情况,而计量工作则是确定这些数量的基础。没有准确的计量,就不能提供准确的数量,也就无法据以正确地计算工程成本。因此,建筑企业必须建立和健全计量检验制度。凡是物资的收发及在工号之间的转移,都要经过计量并办理必要的凭证手续;库存和现场存放的物资,要定期盘点清查,防止丢失、损坏和积压浪费;期末对施工现场的剩余材料应及时办理退库或"假退料"手续,废料应及时回收;必要的计量器具应逐步配备齐全,并经常进行维修和检验,保证准确无误。

4)健全企业内部结算制度

为了分清企业内部各单位的经济责任,便于分析和考核内部各单位的经营成果,应建立和健全企业内部结算制度。内部结算要以合理的内部价格为依据。企业内部价格是指企业各内部独立核算单位因相互提供材料物资、作业和劳务而办理转账结算的结算价格。正确制定和使用企业内部结算价格,对于巩固内部经济核算,加强工程成本管理都起着十分重要的作用。企业内部结算价格的制定方式主要有以下几种:一是以计划单价作为内部结算价格;二是在计划单价的基础上,加上一定的内部利润作为内部结算价格;三是模拟市场价格作为内部结算价格。无论采用何种方式确定的内部结算价格,都应尽可能接近实际并保持相对稳定,年度内一般不作变动。企业应建立的内部结算价格一般有材料、构件结算价格,机械作业结算价格,劳务结算价格等。

2.8　工程成本核算的基本程序

工程成本核算的基本程序是指根据工程成本核算的基本要求,对施工费用进行分类核算,并按成本项目进行归类,直至计算出每一工程项目成本的基本工作过程。因此,工程成本核算应按照一定的程序进行。

2.8.1　设置工程成本核算的会计账户

为了归集施工费用,计算工程成本,在工程成本核算中应设置和运用以下会计账户:

(1)工程施工(或合同履约成本)

该账户核算建筑企业(建造承包商)进行承包工程施工所发生的各项资金耗费,即实际发生的合同成本。

本账户应设置"合同成本"、"辅助生产"、"间接费用"等二级账户进行明细核算。

合同成本明细账户用以核算建造合同在施工过程中发生的各项施工费用。凡实际发生的各项施工费用,记入本账户的借方;合同完工时,将本账户余额与相关工程施工合同的"工程结算"账户对冲;本账户期末借方余额反映尚未完工的建造合同成本。本明细账户应按成本核算对象和成本项目设置明细账。

辅助生产明细账户用以核算非独立核算的辅助生产部门为工程施工等提供材料或劳务时所发生的的各项耗费。实际发生的各项辅助生产成本,记入本明细账户的借方;按受益对象分配辅助生产成本时,记入本明细账户的贷方;期末本明细账户无余额。

间接费用明细账户用以核算施工单位在工程施工管理过程中所发生的各项资金耗费。实际发生的各项间接费用,记入本明细账户的借方;期末分配计入受益对象时,记入本明细账户的贷方,分配后本明细账户无余额。

(2)机械作业

该账户核算建筑企业使用自有施工机械和运输设备进行机械作业所发生的各项耗费。实际发生的机械作业成本,记入本账户的借方;月终按受益对象分配机械作业成本时,记入本账户的贷方;月份终了时,本账户无余额。

(3)待摊费用、预提费用

待摊费用账户核算已经支付但应由本月及以后各月分别负担的费用,借方登记费用的发生数,贷方登记费用的摊销数,余额表示尚待摊销的费用。预提费用账户核算预先提取但尚未实际支付的各项费用,预先提取费用时记入本账户的贷方,实际支付费用时记入本账户的借方,余额表示已经提取但尚未支付的费用。

2.8.2　归集和分配施工费用

工程成本核算就是将施工过程中所发生的各项要素费用,根据经过严格审核的有关原始凭证所确定的对象,通过一定的处理程序,按照经济用途归集和分配到施工生产成本中。

①为承包工程施工直接发生的施工费用,作为建造合同工程成本的构成内容,直接计入工程成本,即记入"工程施工——合同成本"账户。

②为工程施工服务所发生的施工生产费用,可先按发生地点和用途进行归集汇总,即记入"工程施工——辅助生产"、"机械作业"、"工程施工——间接费用"等账户。

③将"工程施工——辅助生产"账户归集的辅助生产成本,按其用途分配计入各受益对象,即记入"工程施工——合同成本"、"机械作业"、"工程施工——间接费用"等账户。

④将"机械作业"账户归集的机械作业成本,按其用途分配计入各受益对象,即记入"工程施工——合同成本"、"工程施工——间接费用"账户。

⑤将"工程施工——间接费用"账户归集的工程间接成本,按一定的方法分配计入各合同项目工程成本,即记入"工程施工——合同成本"账户。

2.8.3 组织工程成本的明细分类核算

通过上述程序,将应计入工程成本的施工费用,都集中登记在"工程施工——合同成本"账户,为便于加强成本管理,还应按照工程成本核算对象和工程成本项目,设置工程成本明细账,组织工程成本的明细分类核算。

2.8.4 办理工程成本结算与决算

为便于组织成本的考核与分析,借以总结工程施工的经验教训,在组织工程成本核算时,如果某成本核算对象期末尚有未完工程而又需要计算其成本时,还应将已归集的施工费用,在已完工程和未完工程之间进行分配,以分别计算已完工程成本和未完工程成本。工程竣工后,将其实际成本与"工程结算"账户确认的应结算工程价款对冲。

综上所述,工程成本核算就是对各项施工费用按照规定的程序,进行归集、分配,再归集、再分配的数据处理过程,从而提供经济管理所需要的成本信息。上述核算程序如图2.1所示。

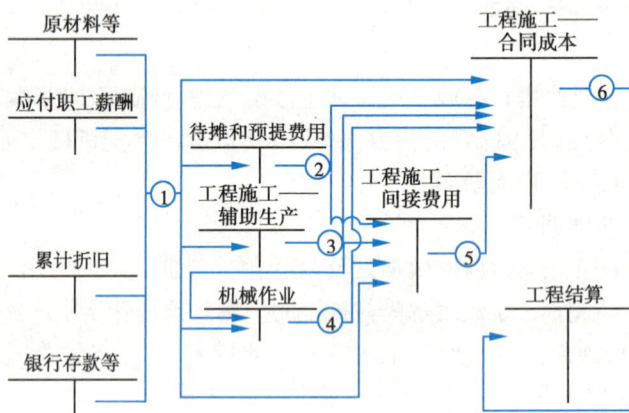

①分配各项要素费用;②分配待摊费用和预提费用;③分配辅助生产费用;
④分配机械作业费用;⑤分配间接费用;⑥结算竣工工程成本

图2.1 工程成本核算程序图

本章小结

工程成本会计的任务是:进行成本预测,编制成本计划,组织成本核算,开展成本分析。

工程成本的经济内容是由马克思的劳动价值理论所确定的。工程成本可按经济内容分、经济用途分、计入成本核算对象的方式分、与产量的关系分与形成的时间分,从而有利于归集各项施工耗费、计算工程成本,并便于组织工程成本的分析和考核。

工程成本核算是对工程施工过程中发生的施工费用和形成的工程成本进行的会计处理,在建筑企业的施工生产经营管理工作中具有重要意义,可以反映建筑企业的施工和管理水平,可以确定施工耗费的补偿尺度,有利于贯彻国家的财务管理制度,有利于为企业的施工生产经营决策提供重要的依据。

为了完成工程成本核算任务,工程成本核算应符合以下几项基本要求:正确划清各种成本的界限;正确进行财产物资的计价和价值的结转;做好成本核算的各项基础工作。

为了保证工程成本计算工作的正常进行,应按照一定的程序组织工程成本的核算。具体包括:设置工程成本核算的会计账户;归集和分配施工费用;组织工程成本的明细分类核算;办理工程成本的结算与决算。

复习思考题

2.1 什么是成本?工程成本会计具有哪些特点?

2.2 工程成本会计应完成哪些任务?

2.3 如何理解成本的经济内容?工程成本包括哪些具体内容?

2.4 工程成本有哪几种分类方法?各种分类包括哪些具体内容?

2.5 什么是工程成本核算?进行工程成本核算具有什么意义?

2.6 工程成本核算应完成哪些任务?

2.7 简述工程成本核算的基本要求。

2.8 简述工程成本核算的基本程序。

第 3 章　人工成本的核算

人工成本核算,是指对应计入施工生产成本的职工薪酬进行归集和分配的会计处理工作。在建筑企业,人工成本是构成工程成本的重要组成部分,同时也关系到每个职工的切身利益。因此,必须认真做好人工成本核算,这对于正确计算工程成本、调动广大职工的劳动积极性都有着十分重要的作用。

人工成本核算的任务:正确计算每个职工的应得工资,保证按劳分配原则的贯彻执行;合理分配工资费用,保证工程成本的真实性与准确性;正确计算和确认职工福利,满足职工福利的正常需要。

3.1　职工分类及职工薪酬组成

3.1.1　职工分类

为了便于组织人工成本的核算,必须对职工进行合理的分类。建筑企业的职工可按以下标准进行分类:

(1)按职工所处的工作岗位分

①工人:指直接从事工程施工、工业生产和非工业生产的生产工人。

②工程技术人员:指从事工程技术工作并具有工程技术能力的人员。

③管理人员:指在企业各职能机构及建筑企业从事行政、生产、经营管理和政治思想工作的人员。

④服务人员:指间接服务于生产和服务于职工生活的人员。

⑤其他人员:指由企业支付工资,但与企业生产基本无关的人员。如长期学习人员,长期病、产假人员等。

上述分类便于归集人工成本,为工程成本计算提供必要条件。

(2)按与职工有无订立劳动合同分

①与企业订立劳动合同的所有人员,含全职、兼职和临时职工。即与企业订立了固定期

限、无固定期限或者以完成一定工作为期限的劳动合同的人员。

②未与企业订立劳动合同,但由企业正式任命的人员。如部分董事会成员、监事会成员等。企业按照有关章程设立董事、监事,如需聘请的独立董事、外部监事等,虽然与企业没有订立劳动合同,但属于企业正式任命的人员。

③在企业的计划与控制下,虽未与企业订立劳动合同或由其正式任命,但向企业提供的服务与职工所提供服务类似的人员,也属于职工的范畴,包括通过企业与劳动中介公司签订用工合同而向企业提供服务的人员。

上述分类便于工资总额的控制。

3.1.2 职工薪酬组成

职工薪酬,是指建筑企业为获得职工提供的服务或解除劳动合同关系而给予的各种形式的报酬或补偿。建筑企业提供给职工配偶、子女、受赡养人、已故员工遗属及其他受益人的福利,也属于职工薪酬。职工薪酬主要由以下内容组成:

(1)短期薪酬

短期薪酬是指建筑企业预期在职工提供相关服务的年度报告期间结束后 12 个月内全部予以支付的职工薪酬,因解除与职工的劳动关系给予的补偿除外。主要包括:

①职工工资、奖金、津贴和补贴:是指建筑企业按照构成工资总额的计时工资、计件工资、支付给职工的超额劳动报酬等的工资和奖金;为了补偿职工特殊或额外的劳动消耗和其他特殊原因支付给职工的津贴;以及为了保证职工工资水平不受物价影响而支付给职工的物价补贴等。其中,企业按照短期奖金计划向职工发放的奖金属于短期薪酬,按照长期奖金计划向职工发放的奖金属于长期的职工福利。

②职工福利费:是指建筑企业向职工提供的生活困难补贴、丧葬补助费、抚恤费、职工异地安家费、防暑降温费等职工福利支出。

③医疗保险费、工伤保险费和生育保险费:是指建筑企业按照国家规定的基准和比例计算,向社会保险承办机构缴纳的医疗保险费、工伤保险费和生育保险费。

④住房公积金:是指建筑企业按照国家规定的基准和比例计算,向住房公积金管理机构缴存的住房公积金。

⑤工会经费和职工教育经费:是指建筑企业为了改善职工文化生活,为了职工学习先进技术和提高文化及业务素质,用于开展工会活动和职工教育及职业技能培训等的相关支出。

⑥短期带薪缺勤:是指职工虽然缺勤但企业仍向其支付报酬的安排,包括年休假、病假、婚假、产假、丧假、探亲假等。

⑦短期利润分享计划:是指因职工提供服务而与职工达成的基于利润或其他经营成果提供薪酬的协议。

⑧其他短期薪酬:是指除上述薪酬以外的其他为获得职工提供的服务而给予的短期薪酬。

（2）离职后的福利

离职后的福利是指建筑企业为获得职工提供的服务，而在职工退休或与企业解除劳动关系后，提供的各种形式的报酬和福利。

（3）辞退福利

辞退福利是指建筑企业在职工劳动合同到期之前解除与职工的劳动关系，或为鼓励职工自愿接受裁减而给予的补偿。主要包括：

①在职工劳动合同尚未到期前，不论职工本人是否愿意，企业决定解除与职工的劳动关系而给予的补偿。

②在职工劳动合同尚未到期前，为鼓励职工自愿接受裁减而给予的补偿，职工有权选择继续在职或接受补偿离职。

辞退福利通常采取解除劳动关系时一次性支付补偿的方式。也可采取在职工不再为企业带来经济利益后，将职工工资支付到辞退后未来某一期间的方式。

（4）其他长期职工福利

其他长期职工福利是指除短期薪酬、离职后福利、辞退福利之外所有的职工薪酬，包括长期带薪缺勤、长期残疾福利、长期利润分享计划等。

上述短期薪酬中的职工工资、奖金、津贴和补贴属于职工工资总额范畴，其余各项属于职工福利。

3.2　职工薪酬——职工工资的核算

企业发生的职工工资、津贴和补贴等短期薪酬，应当根据职工提供的服务情况和工资标准等计算，计入职工薪酬的工资总额。

3.2.1　工资计算的原始凭证

计算应付职工工资，应以各种合法的原始凭证为依据。工资计算的原始凭证一般由企业劳动部门提供，它能证明每个职工本期服务对象、实际完成的劳动数量、质量和劳动时间，主要包括考勤表、工程任务单等。

考勤表（或考勤簿）是登记职工出勤及缺勤情况的原始记录，它是计算应付职工工资的依据。考勤表由班组考勤员根据职工出勤情况逐日登记，以正确反映每一职工的出勤、缺勤和迟到、早退等情况。其格式如表3.1所示。

工程任务单是登记工人或生产班组在出勤时间内完成的产量和耗用工时的原始记录，它是计算计件工资和工资分配的依据。工程任务单一般由建筑企业根据施工作业计划的安排开出，用以通知作业小组或个人根据任务单所列施工内容进行作业，工程完工后按任务单内的有关内容进行验收。其格式如表3.2所示。

表 3.1　考勤簿

填报单位：　　　　　　　　　　　　　　　　　年　　月

工种或职别	姓名	工资等级	出勤情况				考勤统计										
			1	2	…	31	出勤	公假	工伤	探亲假	事假	婚丧假	病假	旷工	迟到早退	加班加点	夜班次数

表 3.2　工程任务单

建筑企业：　　　　　　　　　　　　　　　　施工期限　　计划　　实际
施工班组：　　　　　　　　　　　　　　　　开工
工程名称：　　　　　　签发：　　年　　月　　日　　完工

工程项目内容	计量单位	计划完成			实际完成			人工节(+)超(-)	完成任务/%	备注
		工程量	劳动定额	定额工日	工程量	换算定额工日	实用工日			
交底及验收	技术操作质量及安全交底					质量评定				
	施工员签章		材料员签章		考勤员签章		定额员签章		班组长签章	

用工记录

（工程任务单背面）

工程项目内容	实际用工记录													合计工日
	1	2	3	4	5	6	7	8	9	10	11	12	31	

　　根据考勤表和工程任务单的记录,建筑企业应于月终时汇总编制"施工用工统计表",据以组织职工工资的分配。

3.2.2 应付工资的计算

应付工资的计算,包括应付计时工资、计件工资、奖金、津贴、补贴,以及按照规定在非工作时间内支付的各种工资的计算。

1) 应付计时工资的计算

应付职工的计时工资,是根据考勤记录并按照每人的计时工资标准计算的。目前有月薪制和日薪制两种形式。采用月薪制时:

$$应付工资 = 月标准工资 - 缺勤天数 \times 日工资标准$$

上式中的日工资标准,按下式计算:

$$日工资标准 = \frac{月标准工资}{20.83}$$

月薪制一般适用于固定职工。采用日薪制时:

$$应付工资 = 本月实际出勤天数 \times 日工资标准$$

日工资标准的计算方法同上,这种形式一般适用于临时职工。

2) 应付计件工资的计算

应付职工的计件工资,是根据产量记录所确定的每人(或班组)完成的工作数量和规定的计件单价进行计算的。实行个人计件的,按每个人实际完成的工作数量乘以计件单价计算;实行集体(班组)计件的,先按集体(班组)实际完成的工作数量乘以计件单价计算集体(班组)的工资额,然后再按一定的方法在集体(班组)各成员之间进行分配。分配的方法一般是按照每个工人的计时工资标准和实际工作时间的综合比例进行分配。其计算公式是:

$$分配系数 = \frac{集体(班组)计件工资总额}{按每个工人计时工资标准和实际工作时间计算的计时工资额}$$

$$某工人应得工资 = \frac{该工人按计时工资标准和}{实际工作时间计算的工资额} \times \frac{分配}{系数}$$

现举例说明如下。

某瓦工小组由 6 个生产工人完成某工程项目砖石砌筑任务,根据工程任务单确定的产量和计件单价计算,该小组完成该项工程应得计件工资 13 519.27 元,按每人计时工资标准和实际工作时间计算的工资额的比例分配结果如表 3.3 所示。

表 3.3 计件工资分配表

序号	姓名	日工资标准	实作工日数	计时标准工资	分配系数	应得计件工资	备注
1	赵新	210.24	12	2 522.88		3 279.74	
2	孙利	176.00	11.5	2 024.00		2 631.20	
3	黄洪	149.04	12	1 788.48	$\frac{13\ 519.27}{10\ 399.40}=1.3$	2 325.02	
4	陈明	149.04	12	1 788.48		2 325.02	
5	李向	105.84	11	1 164.24		1 513.51	
6	沈用	105.84	10.5	1 111.32		1 444.78	
	合计			10 399.40		13 519.27	

3）应付加班加点工资的计算

加班加点工资按加班天数或加班小时乘以日工资标准或小时工资标准计算。计算公式为：

$$应付加班加点工资 = 加班天数或小时 × 日或小时工资标准$$

按国家现行法律规定，平时加班加点工资按日工资标准的 150% 计发，休息日加班工资按日工资标准的 200% 计发，法定节假日加班工资按日工资标准的 300% 计发。

4）奖金、津补贴及短期带薪缺勤工资的计算

在工资总额中包括的各种奖金，应按奖金的支付标准支付。津补贴按规定标准计发。短期带薪缺勤工资的计算方法为：职工因病或非因公负伤治疗期间的工资，根据其工龄长短按不同的标准支付；职工执行公务及因公负伤按本人计时标准工资全部支付；职工产假、年休假、探亲假、婚丧假等在规定期间内的工资，均按本人计时标准工资全部支付。

综上所述，应付职工工资额可用下列公式表示：

$$应付工资 = 计时工资 + 计件工资 + 加班加点工资 + 计入工资总额的奖金 + 津补贴 + 短期带薪缺勤工资$$

各项工资计算后，就可以编制工资结算凭证，并据以发放工资。工资结算凭证一般采用"工资单"的形式。

工资单一般按班组编制，为了便于组织应付工资的核算，还应将工资单进行汇总，编制"工资汇总表"，据以组织工资结算和工资分配的核算。工资汇总表的格式举例如表 3.4 所示。

表 3.4 工资汇总表

编制单位：第一项目部　　　　　　　　　20××年 12 月

人员类别	计时工资 工日数（人数）	计时工资 工资	计件工资 工日数（人数）	计件工资 工资	加班加点工资	奖金	津补贴	短期带薪缺勤工资 病假工资	短期带薪缺勤工资 探亲假工资	短期带薪缺勤工资 公假工资	合计
1.生产工人小计	980	121 420	200	32 000	1 450	13 450	13 130	500	1 100	780	183 830
（1）建筑工人	750	92 620	200	32 000	1 400	10 400	10 300	400	800	600	148 520
（2）设备安装工人	117	16 000				1 600	1 800	100		180	19 680
（3）机械作业工人	63	8 000				850	620		300		9 770
（4）辅助生产工人	50	4 800			50	600	410				5 860
2.管理服务人员小计		25 680				2 900	2 220				30 800
（1）行政管理人员		12 000				1 200	1 130				14 330
（2）技术管理人员		3 120				400	280				3 800
（3）经济管理人员		6 000				800	460				7 260
（4）材料管理人员		2 160				200	150				2 510
（5）服务人员		2 400				300	200				2 900
合计		147 100		32 000	1 450	16 350	15 350	500	1 100	780	214 630

3.2.3 工资费用分配的核算

1）工资费用分配的对象

每月月末，建筑企业应在汇总各班组、单位工资的基础上，按受益对象将应付工资分配计入施工生产成本中。工资费用应本着谁受益谁负担的原则进行分配，以保证工程成本计算的正确性与真实性。一般来说，建筑安装承包工程施工发生的工资费用，应由各项建造合同工程负担，记入"工程施工"账户及各成本核算对象中；为工程施工提供产品或劳务所发生的工资费用，应由辅助生产各产品或劳务负担，记入"工程施工——辅助生产"账户及各成本核算对象中；为工程施工提供各种机械或运输作业所发生的工资费用，应由机械作业成本负担，记入"机械作业"账户及各成本核算对象中；施工管理部门和人员发生的工资费用，应由间接费用负担，记入"工程施工——间接费用"账户。

2）工资费用分配举例

分配工资费用，应根据工资汇总表编制"工资分配表"，再根据工资分配表进行工资费用分配的账务处理。根据上述工资汇总表编制的"工资分配表"如表 3.5 所示。

表 3.5　工资分配表

编制单位：第一项目部　　　　　　　　　　20××年 12 月

受益对象	生产工人								管理服务人员		合计
	计时工资		计件工资		加班加点工资	奖金	津补贴	短期带薪缺勤工资	人数	工资	
	工日	工资	工日	工资							
1.建安施工合计	867	108 620	200	32 000	1 400	12 000	12 100	2 080			168 200
其中：建筑工程	750	92 620	200	32 000	1 400	10 400	10 300	1 800			148 520
设备安装工程	117	16 000				1 600	1 800	280			19 680
2.机械作业	63	8 000				850	620	300			9 770
3.辅助生产	50	4 800			50	600	410				5 860
4.物资采购											
5.间接费用合计										30 800	30 800
其中：工作人员工资										30 800	30 800
合计		121 420		32 000	1 450	13 450	13 130	2 380		30 800	214 630

根据上述工资分配表，可作如下工资分配的会计分录：

借：工程施工——合同成本　　　　　　168 200
　　工程施工——辅助生产　　　　　　　5 860
　　机械作业　　　　　　　　　　　　　9 770
　　工程施工——间接费用　　　　　　　30 800
　　贷：应付职工薪酬——工资　　　　　　214 630

3.3 职工薪酬——职工福利的核算

建筑企业除了按照按劳分配的原则支付给职工工资以外,还应按照国家规定对职工进行福利补助。用于职工个人福利方面的资金主要是从成本中提取,再从收入中得到补偿,在未支付给职工之前,形成负债性资金。

3.3.1 短期薪酬中的福利

1)职工福利费

建筑企业发生的职工福利费,应当在实际发生时,根据实际发生额计入当期成本费用,借记"工程施工"、"机械作业"等账户,贷记"库存现金"等账户。也可以通过"应付职工薪酬——职工福利费"账户核算,支付职工福利费时,借记"应付职工薪酬——职工福利费",贷记"库存现金"等账户;会计期末时按其受益对象计入成本费用,借记"工程施工"、"机械作业"等账户,贷记"应付职工薪酬——职工福利费"账户。

建筑企业向职工提供非货币性福利的,应当按照公允价值计量,如企业以自产的产品作为非货币性福利提供给职工的,应按照该商品的公允价值和相关税费确定职工薪酬金额,并计入当期成本费用。

2)社会保险费、住房公积金

建筑企业为职工缴纳的医疗保险费、工伤保险费、生育保险费等社会保险费和住房公积金,应当根据规定的计提基础和计提比例计算确认相应的职工薪酬金额,并确认相关负债,按受益对象计入当期成本费用,借记"工程施工"、"机械作业"等账户,贷记"应付职工薪酬——社会保险费"等明细账户。

3)工会经费和职工教育经费

建筑企业按规定提取的工会经费和职工教育经费,按照受益对象计入当期成本费用,借记"工程施工"、"机械作业"等账户,贷记"应付职工薪酬——工会经费"等明细账户。

4)短期利润分享计划

企业制订有短期利润分享计划的,如当职工完成规定业绩指标,或者在企业工作了特定期限后,能够享有按照企业净利润的一定比例计算的薪酬。

短期利润分享计划同时满足下列条件的,企业应当确认相关的应付职工薪酬,并计入当期成本费用:

①企业因过去事项导致现在具有支付职工薪酬的法定义务或推定义务;

②因利润分享计划所产生的应付职工薪酬义务能够可靠估计。

现举例说明职工短期薪酬中福利的核算方法。

【例3.1】 20××年12月,某建筑企业以现金支付施工生产工人困难补助5 000元。可作如下会计分录:

①支付职工福利费时

借:应付职工薪酬——职工福利费　　　　5 000

　　贷:现金　　　　　　　　　　　　　　　　5 000

②月终分配计入受益对象时

借:工程施工——间接费用　　　　　　　5 000

　　贷:应付职工薪酬——职工福利费　　　　　5 000

实际工作中,也可以采用计提的办法计算和确认职工福利费。

【例3.2】 20××年12月,某建筑企业当月应发工资214 630元,其中:施工生产工人工资168 200元、机械作业人员工资9 770元、辅助生产工人工资5 860元、管理部门管理人员工资30 800元。

根据建筑企业所在地政府规定,应当按照职工工资总额的10%和8%计提并缴纳医疗保险费和住房公积金,按照职工工资总额的2%和1.5%提取工会经费和职工教育经费。

根据上述资料编制的"社会保险费等计提表"如表3.6所示。

表3.6　社会保险费等计提表

20××年12月

受益对象	工资总额	社会保险费	住房公积金	工会经费	职工教育经费	合计
工程施工	168 200	16 820	13 456	3 364	2 523	36 163
机械作业	9 770	977	782	195	147	2 101
辅助生产	5 860	586	469	117	88	1 260
间接费用	30 800	3 080	2 464	616	462	6 622
合计	214 630	21 463	17 171	4 292	3 220	46 146

根据"社会保险费等计提表",可作如下会计分录:

借:工程施工——间接费用　　　　　42 785

　　工程施工——辅助生产　　　　　　1 260

　　机械作业　　　　　　　　　　　2 101

　　贷:应付职工薪酬　　　　　　　　　　46 146

3.3.2　离职后福利

离职后福利包括退休福利(如养老金和一次性的退休支付)及其他离职后福利(如离职后人寿保险和离职后医疗保障)。

职工正常退休时获得的养老金等离职后福利,是职工与企业签订的劳动合同到期,或者职工达到国家的退休年龄时获得的离职后生活补偿金额。企业给予补偿的事项是职工在职时提供的服务,而不是退休本身。因此,企业应当在职工提供服务期间对离职后福利进行确认和计量。

离职后福利包括离职后设定提存计划和设定受益计划两类。

1)设定提存计划

设定提存计划是指企业向单独主体(如基金等)缴存固定费用后,不再承担进一步支付义务的离职后福利计划。对于设定提存计划,企业应按向单独主体缴存的提存金确认为职工薪酬负债,并计入当期成本费用

【例3.3】 根据【例3.2】,某建筑企业根据所在地政府规定,按照职工工资总额的12%、1%提取基本养老保险费和失业保险费27 902元,缴存当地社会保险经办机构。20××年12月,该建筑企业缴存的基本养老保险费和失业保险费,应计入工程施工的金额为21 866元,应计入机械作业成本的金额为1 270元,应计入辅助生产成本的金额为762元,应计入间接费用的金额为4 004元。可作如下会计分录:

借:工程施工——间接费用　　　　　　25 870

工程施工——辅助生产　　　　　　762

机械作业　　　　　　　　　　　　1 270

贷:应付职工薪酬——设定提存计划　　　27 902

2)设定受益计划

在设定受益计划下,企业的义务是为现在及以前的职工提供约定的福利,并且精算风险和投资风险由企业承担。当企业负有下列义务时,该计划就是一项设定受益计划:

①计划福利不仅与提存金金额相关,且要求企业在资产不足以满足该福利时,提供进一步的提存金;

②通过计划间接或直接地对提存金的特定回报作出担保。

设定受益计划包括如企业向职工提供统筹外补充退休金等事项。

3.3.3　辞退福利

辞退福利是在职工与建筑企业签订的劳动合同到期前,承诺当企业提前终止与职工的雇佣关系时支付的补偿。对于职工虽然没有与企业解除劳动关系,但未来不再为企业提供服务,如发生"内退"的情况,在其正式退休日期之前应当参照辞退福利处理。

建筑企业应当按照辞退计划的规定,合理预计并确定辞退福利产生的职工薪酬负债。

3.3.4　其他长期职工福利

建筑企业向职工提供的其他长期职工福利,符合设定提存计划条件的,应当按照设定提存计划的有关规定进行会计处理;符合设定受益计划条件的,应当按照设定受益计划的有关规定进行会计处理。

本章小结

人工成本是构成工程成本的重要内容,同时也关系到每个职工的切身利益。

为了便于组织人工成本的核算,首先应对职工进行合理的分类并明确职工薪酬的构成。建筑企业的职工可按其所处工作岗位和任用期限进行分类。根据国家现行制度的规定,职工薪酬是由短期薪酬、离职后福利、辞退福利和其他长期福利所组成。

建筑企业应正确计算每个职工的应得工资和在一定时期内应支付给职工的工资总额。应付工资的计算包括应付计时工资、计件工资、奖金、津补贴,以及按照规定在非工作时间内支付的各种工资的计算。根据上述计算就可以编制"工资单",确定每一职工的应得工资,并根据工资单编制"工资汇总表",以确定一定时期内应支付给职工的工资总额。

每期期末,建筑企业在汇总各单位、部门工资的基础上,按受益对象将应付职工薪酬分配计入施工生产成本中:建安工程施工发生的工资应由各项工程负担,记入"工程施工"账户;为工程施工提供劳务发生的工资应由辅助生产成本负担,记入"工程施工——辅助生产"账户;为工程施工提供机械作业发生的工资应由机械作业成本负担,记入"机械作业"账户;施工管理人员发生的工资应由间接费用负担,记入"工程施工——间接费用"账户。工资的分配,通过编制"工资分配表"进行。

为了保障职工个人福利方面的开支,还应从成本中按工资总额的一定比例计提或支付各项职工福利,其列支渠道与工资分配对象相同。

复习思考题

3.1 建筑企业的职工主要有哪几种分类方法?简述其分类和作用。

3.2 什么叫职工薪酬?它由哪些内容构成的?

3.3 工资计算的原始凭证有哪些?它们各有什么作用?

3.4 怎样计算计件工资?集体计件工资如何在各成员间进行分配?

3.5 简述工资的分配对象。

3.6 各类职工福利是如何核算的?

3.7 练习计件工资的计算。

(1)资料:某建筑企业瓦工一组20××年9月集体计件工资资料。

①完成101#合同项目砖外墙砌筑工程200 m^3,计件单价为200.00元。

②考勤记录和计时工资标准如下表所示。

序号	姓名	工龄	计时日标准工资	实作工日数	备注
1	刘克	20	208.00	20	
2	王实	14	208.00	18	
3	姜会	12	176.00	25	
4	赵春	10	176.00	24	
5	周前	8	176.00	26	
6	马厚	5	144.00	26	
7	孙尚	4	144.00	25	
8	张其	3	144.00	26	

（2）要求：根据上述资料，计算该组应得计件工资额，并编制"计件工资分配表"对集体计件工资进行分配。

3.8　练习工资分配的核算。

（1）资料：某建筑企业第一分公司 20×× 年 9 月工资汇总表如下表所示。

人员类别	计时工资		计件工资		奖金	津补贴			短期带薪缺勤工资	应付工资
	工日	工资	工日	工资	生产奖	施工津贴	其他津贴	补贴		
一、生产工人小计	3 250	520 000	750	174 000	13 000	12 000	6 000	17 000	1 200	743 200
（1）建筑安装工人	3 140	504 360	750	174 000	12 300	12 000	5 680	16 600	1 200	726 140
（2）辅助生产工人	50	7 600			300		150	150		8 200
（3）机械作业工人	60	8 040			400		170	250		8 860
二、管理服务人员小计		71 600			2 060		1 065	385		75 110
（1）行政管理人员		40 000			1 260		400	120		41 780
（2）材料管理人员		10 000			250		360	80		10 690
（3）技术管理人员		10 800			300		140	80		11 320
（4）服务人员		10 800			250		165	105		11 320
合计		591 600		174 000	15 060	12 000	7 065	17 385	1 200	818 310

（2）要求：根据上述资料编制"工资分配表"以及工资分配的会计分录。

3.9　练习职工福利计算和分配的核算。

（1）资料：工资总额见本章复习思考题 3.8；应缴存标准如下：医疗保险费、工伤保险费和生育保险费 10%，住房公积金 8%，工会经费 2%，职工教育经费 1.5%，养老保险费 12%，失业保险费 1%，职工福利费 14%。

（2）要求：根据上述资料按规定标准编制职工福利计提表，计提职工福利，并编制会计分录。

第4章　材料成本的核算

材料成本的核算,是指对施工生产过程中耗用的,应计入施工生产成本的材料进行归集和分配的会计处理过程。无论从物质形态还是从价值形态上看,材料都是建筑安装工程的重要组成部分,材料成本的高低直接影响工程成本的高低。因此,必须做好材料成本的核算,这对于正确计算工程成本有着十分重要的作用。

材料成本核算的任务:正确计算收入材料物资的成本;正确计算耗用材料物资的成本,合理分配材料费用;做好材料盘点及退料工作。只有这样,才能保证施工生产成本的正确性和真实性。

4.1　材料收入成本的核算

材料是建筑企业工程施工过程中的劳动对象,是构成工程实体或有助于工程形成和便于工程施工的不可缺少的物质要素。作为劳动对象的材料,经过一个生产周期就要全部消耗掉或改变其原有的实物形态。为了保证工程施工活动的不间断进行,必须不间断地补充施工过程中消耗掉的材料,这就要求建筑企业必须做好材料的采购和收入工作,以及与之相适应的核算工作。

4.1.1　材料的分类和成本核算方法

1)材料的分类

工程施工过程中所需的材料种类繁多、用途各异,为了便于管理和核算,必须按照一定的标准对材料进行合理的分类。

(1)按照材料在施工过程中的用途分

①原材料:指用于工程施工并构成工程实体的各种材料,如钢材、水泥、砂石等。

②构配件:指经过吊装、拼砌和安装就能构成工程实体的各种结构件,如木门窗、钢筋混凝

土预制构件等。

③机械配件:指施工机械、运输设备等维修、替换用的各种零配件,如轴承、齿轮等。

④辅助材料:指不构成工程实体,但有助于工程形成或便于工程施工的各种材料,如油料、草袋子等。

⑤工程设备:指构成或计划构成永久性工程一部分的机电设备、金属结构设备、仪器装置及其他类似的设备和装置。

(2)按照材料的保管责任和存放地点的不同分

①库存材料:指已验收入库的各种材料,以及运抵施工现场并已验收的大堆材料和准备吊装的结构件。

②在途材料:指货款已经支付,但正在途中运输尚未入库的材料。

③委托加工材料:指委托外单位正在加工中的各种材料。

④自制材料:指建筑企业自行组织力量正在加工、制作中的材料。

为了便于材料的核算和管理,在上述分类的基础上,还应按照材料的性能、技术特征和规格型号等作进一步的细分。

2)材料成本的核算方法

材料成本核算方法是指在材料的日常核算中,采用什么价格来组织材料收入、发出和结存的核算。在实际工作中,材料成本的核算方法有以下两种:

(1)按实际成本核算

按实际成本核算指按取得材料时所发生的全部货币开支,即实际成本进行核算。在日常材料收发凭证的标价和材料明细账的登记上,都按实际成本核算。

(2)按计划成本核算

按计划成本核算指按预先确定的计划单位成本对材料进行核算。在材料日常收发凭证的标价和材料明细账的登记上,都采用计划成本核算。材料计划成本与实际成本的差异则单独核算,月终时在发出材料与库存材料中进行分摊,分别将它们调整为实际成本。

4.1.2　材料收入的来源、凭证与手续

建筑企业材料收入的来源主要有以下几个方面:一是企业内部物资供应部门采购供应的材料;二是工程发包单位(业主)供应的材料;三是企业内部施工单位(如项目部)自行在市场上采购的材料;四是委托外单位加工制作的材料;五是企业内部施工单位(如项目部)自行组织力量加工制作的材料。

建筑企业对于从各种渠道取得的材料,必须履行一定的采购、加工和入库手续,填制必要的原始凭证,以作为明确经济责任和组织会计核算的依据。收入材料要办理货款结算和验收入库两方面的手续,并取得和填制各种凭证。货款结算的凭证一般有供应单位的发票、运输机构的运单和银行结算货款的凭证等。材料入库的凭证主要有收料单等。收料单的格式如表4.1所示。

表 4.1 收料单

供应单位或来源：　　　　　　　　　　　　　　　　　　　　　　　　收字第　　号
发票编号：　　　　　　　年　月　日　　　　　收料仓库：

材料编号	材料名称	规格	计量单位	数量		计划成本		实际成本	
				应收	实收	单价	金额	单价	金额
备注									

主管　　　　记账　　　　验收　　　　　　　　　　　　　　制单

4.1.3　材料采购收入核算会计账户的设置

为了组织材料采购收入的核算,应设置如下账户：

（1）材料采购

该账户核算建筑企业购入各种材料物资的实际采购成本。发包单位拨入抵作备料款的材料,也通过该账户核算。该账户的借方登记购入材料所发生的全部采购开支,贷方登记已经付款或已开出、承兑商业汇票并已验收入库材料的计划成本。月终时,验收入库材料的实际成本与计划成本的差异,应结转于"材料成本差异"账户。该账户期末余额反映已付款或已开出、承兑商业汇票但尚未到达或尚未验收入库的在途材料成本。该账户应按直接成本和采购保管费设置二级账户,并按材料类别设置明细账。采用实际成本核算的可不设本账户。

（2）原材料

该账户用以核算所有库存原材料的计划成本（按计划成本核算）或实际成本（按实际成本核算）。借方登记验收入库的各种材料的成本（计划成本或实际成本,下同）；贷方登记发出的各种材料的成本；期末余额反映各种库存原材料的成本。该账户应按材料类别设置二级账户,并按材料品种、规格设置明细账。

（3）材料成本差异

该账户核算各类材料实际成本与计划成本的差异。借方登记实际成本大于计划成本的差异（超支额）,贷方登记实际成本小于计划成本的差异（节约额）。该账户应按材料类别设置明细账。采用实际成本核算不设本账户。

4.1.4　材料采购成本的组成

材料的采购成本由下列内容组成：

①材料原价：是指材料、工程设备的出厂价格或商家供应价格,包括支付给供应单位的材料价款和供销部门的手续费。

②运杂费：是指材料、工程设备自来源地运抵工地仓库或指定堆放地点所发生的运输、包装、装卸、保险等费用。

③运输损耗费：是指材料在运输装卸过程中不可避免的损耗。

以上三项为材料采购的直接成本。

④采购保管费:是指材料采购部门和仓库在组织材料采购和保管过程中发生的各项费用,包括采购费、仓储费、工地保管费和仓储损耗等。

上述各项费用中:材料原价直接计入各材料的采购成本;运杂费和运输损耗费能分清负担对象的,直接计入有关材料的采购成本,不能分清负担对象的,按材料的质量或原价的比例分摊计入各有关材料的采购成本;采购保管费一般可先通过"材料采购——采购保管费"二级账户核算,月终分配计入各类(或各种)材料的采购成本。由于建筑企业采购保管费支出的数额不大,也可不单独组织核算,费用发生时直接计入间接费用。

4.1.5　采购保管费的核算

1)采购保管费的费用项目

对于建筑企业发生的采购保管费,除在材料采购二级账中设置"采购保管费"账户进行核算外,还应按照采购保管费的费用项目设置明细账组织明细核算。采购保管费的费用项目一般包括:

①管人员工资;

②费;

⑧材料整理及零星运费;

⑨材料保险费;

⑩材料盘亏及毁损(减盘盈);

⑪其他。

各项费用的具体核算内容,可参照间接费用确定。

2)采购保管费的归集

采购保管费的归集,一般通过设置和登记采购保管费明细账进行。采购保管费明细账可采用多栏式账页,按费用项目设置专栏,登记实际发生的采购保管费,其格式可参照间接费用明细账。

3)采购保管费的分配方法

采购保管费是一项综合性费用,通过采购保管费账户归集后,期末应采用一定的方法分配计入各受益对象中。采购保管费的受益对象:如材料采用计划成本核算,则为各类购入材料;如材料采用实际成本核算,则为发出材料用料对象。其分配方法为:

①采用计划成本进行材料日常核算的建筑企业,应将采购保管费分配计入材料采购成本。可采用以下两种方法:

● 按实际分配率分配：

$$采购保管费分配率 = \frac{本月实际发生的采购保管费}{本月购入材料的直接成本之和} \times 100\%$$

$$某类材料应分配采购保管费 = 本月购入该类材料直接成本 \times 采购保管费分配率$$

● 按计划分配率分配：

$$采购保管费计划分配率 = \frac{全年采购保管费计划开支额}{全年采购材料的计划直接成本} \times 100\%$$

$$某类材料应分配采购保管费 = 本月购入该类材料直接成本 \times 采购保管费计划分配率$$

按计划分配率分配的采购保管费与实际发生的采购保管费的差额，平时留在账内，年终时再将余额全部计入材料采购成本。

②采用实际成本进行材料日常核算的建筑企业，为简化核算手续，也可将采购保管费直接分配计入各用料对象中。分配方法如下：

$$采购保管费分配率 = \frac{采购保管费账面余额}{月初结存材料与本月购入材料直接成本之和} \times 100\%$$

$$发出材料应分配采购保管费 = 发出材料直接成本 \times 采购保管费分配率$$

4.1.6 按计划成本核算时材料收入的核算

1)材料采购收入的核算

按计划成本核算,材料采购收入核算的程序为：

①计算购入材料的采购成本；

②计算验收入库材料的计划成本；

③计算验收入库材料计划成本与实际成本的差异。

现举例说明材料采购收入的核算方法。

(1)外购材料收入的核算

外购材料收入的核算应通过"材料采购"账户进行,实际发生的材料采购成本记入该账户的借方,验收入库材料的计划成本记入该账户的贷方;验收入库材料的成本差异,由该账户结转于"材料成本差异"账户。

【例4.1】 向市水泥厂购入水泥100 t,原价25 000元,增值税3 250元,供应单位代垫运杂费2 000元,货款已用转账支票付讫;水泥如数运抵工地仓库,计划成本31 000元。会计分录为：

①支付货款时

借:材料采购——硅酸盐材料	27 000
应交税费——应交增值税	3 250
贷:银行存款	30 250

②验收入库时

| 借:原材料——硅酸盐材料(水泥) | 31 000 |
| 贷:材料采购——硅酸盐材料 | 31 000 |

③计算和结转材料成本差异(31 000-27 000=4 000)

借:材料采购——硅酸盐材料　　　　　　　　　　4 000

　　贷:材料成本差异——硅酸盐材料　　　　　　　　　　4 000

【例4.2】　向秦岭水泥厂购入水泥300 t,原价66 000元,增值税8 580元,供应单位代垫运杂费12 000元,货款89 220元已根据托收承付结算凭证验证付款,材料尚未到达。会计分录为:

借:材料采购——硅酸盐材料　　　　　　　　　　78 000

　　应交税费——应交增值税　　　　　　　　　　8 580

　　贷:银行存款　　　　　　　　　　　　　　　　　　86 580

假如上述材料在月终运到200 t,并已验收入库,计划成本为62 000元。会计分录为:

借:原材料——硅酸盐材料(水泥)　　　　　　　62 000

　　贷:材料采购——硅酸盐材料　　　　　　　　　　62 000

同时计算并结转材料成本差异(62 000-52 000=10 000)。会计分录为:

借:材料采购——硅酸盐材料　　　　　　　　　　10 000

　　贷:材料成本差异——硅酸盐材料　　　　　　　　10 000

(2)发包单位供应材料的核算

工程施工所需的材料,有部分是由发包单位供应并作为预付工程款或备料款抵拨给建筑企业。对于发包单位供应的材料,双方应进行材料价款的结算。发包单位拨入的材料如按实际价格结算的,可视同外购材料处理;如按地区预算价格结算的,应分别按不同情况扣除一定比例的采购保管费后结算价款。建筑企业应收取的采购保管费按下式计算:

$$\text{建筑企业应收取的采购保管费} = \frac{\text{材料预算价格}}{1+\text{采购保管费率}} \times \text{建筑企业应收取的采购保管费率}$$

将按材料预算价格计算的料款,扣除建筑企业应收取的采购保管费,即为应付发包单位的材料价款。

现举例说明如下。

【例4.3】　假设某发包单位拨入水泥500 t抵作备料款,按地区材料预算价格(不含税价)计算计155 000元,水泥在施工现场拨交。当地规定的采购保管费率为2.5%,建筑企业占1.75%。应付材料价款计算如下:

应付材料款=155 000元-155 000元/(1+2.5%)×1.75%=152 354元

根据材料价款结算凭证,可作如下会计分录:

借:材料采购——硅酸盐材料　　　　　　　　　　152 354

　　贷:预收账款——预收备料款　　　　　　　　　　152 354

如上述材料的计划成本为155 000元,则可作验收入库的会计分录:

借:原材料——硅酸盐材料(水泥)　　　　　　　155 000

　　贷:材料采购——硅酸盐材料　　　　　　　　　　155 000

同时计算和结转材料成本差异(155 000-152 354=2 646):

借:材料采购——硅酸盐材料　　　　　　　　　　2 646

　　贷:材料成本差异——硅酸盐材料　　　　　　　　2 646

（3）企业物资供应部门供应的材料

建筑企业工程施工所需的材料,有部分是由企业物资供应部门组织供应的。企业物资部门供应的材料,可按计划价格结算,也可按内部结算价格结算。按内部结算价格结算,内部结算价可在材料实际成本的基础上,适当加计一定数额的结算利润,从而有利于划清各自的经济责任。企业物资部门供应的材料,一般采用内部转账结算的方式进行结算,因而通过"内部往来"账户核算。该账户用于核算建筑企业与企业及其他内部独立核算单位之间有关材料、作业、劳务提供及其他款项结算等方面的业务,借方登记应收、暂付款项,贷方登记应付、暂收款项。该账户的借方余额为应收内部单位款,贷方余额为应付内部单位款。本账户应按各内部单位的户名设置明细账。

现举例说明企业物资供应部门供应材料的核算。

【例4.4】 假设收到物资供应部门供应的圆钢50 t,按内部结算价格(不含税价)结算计150 000元;钢材已如数验收入库,计划成本155 000元。可作如下会计分录:

①应付材料价款时

借:材料采购——黑色金属材料　　　　　　150 000

　　贷:内部往来——供应科　　　　　　　　150 000

②材料验收入库时

借:原材料——黑色金属材料(圆钢)　　　　155 000

　　贷:材料采购——黑色金属材料　　　　　155 000

③计算与结转材料成本差异时(155 000-150 000=5 000)

借:材料采购——黑色金属材料　　　　　　5 000

　　贷:材料成本差异——黑色金属材料　　　5 000

（4）材料综合运杂费的核算

建筑企业外购材料发生的运费,能分清受益对象的,应直接计入各种材料的采购成本中;不能分清的,可按材料的质量或买价的比例,分配计入各种材料的采购成本中。对于零星发生的市内运杂费,直接记入"材料采购——采购保管费——材料整理及零星运费"明细账。

现举例说明如下。

【例4.5】 开具转账支票一张,支付市运输公司承运的某发包单位拨入抵作备料款的材料和公司供应材料的运费16 500元,增值税1 650元。按材料质量分配如表4.2所示。

表4.2　材料运费分配表

材料类别	分配基础/t	分配率	分配额/元
硅酸盐材料	500		15 000
黑色金属材料	50		1 500
合计	550	30.00	16 500

根据上述分配结果,可作如下会计分录:

借:材料采购——硅酸盐材料　　　　15 000

　　　　——黑色金属材料　　　　 1 500

　　应交税费——应交增值税　　　　 1 650

　　贷:银行存款　　　　　　　　　　　　　18 150

同时,作如下会计分录:

借:材料成本差异——明细见上　　　 16 500

　　贷:材料采购——明细见上　　　　　　 16 500

(5)采购保管费分配的核算

建筑企业发生的采购保管费,通过"材料采购——采购保管费"账户归集后,月终应分配计入各类材料的采购成本中。

【例4.6】　某建筑企业本月发生的采购保管费为 14 888 元,按购入各类材料直接成本的比例进行分配,分配结果如表4.3所示。

表4.3　采购保管费分配表
20××年12月

分配对象	直接成本/元	分配率	分配额/元
硅酸盐材料	272 354		6 133
黑色金属材料	150 000		3 377
木材	12 506		282
砂石材料	142 780		3 213
其他材料	83 620		1 884
合计	661 260	2.25%	14 888

根据上述分配结果,可作如下会计分录:

借:材料采购——明细见上表　　　　14 888

　　贷:材料采购——采购保管费　　　　　14 888

同时,作如下会计分录:

借:材料成本差异——明细见上　　　 14 888

　　贷:材料采购——明细见上　　　　　　 14 888

(6)材料采购和材料成本差异的明细核算

为了反映外购材料的付款、到料和在途情况,以及核算材料实际成本和成本差异的明细情况,建筑企业应设置"材料采购明细账"和"材料成本差异明细账",组织材料采购和材料成本差异的明细核算。

材料采购明细账借方登记购入材料的实际成本,根据记账凭证的编号顺序逐笔进行登记;贷方登记购入同一批材料的计划成本、成本差异及转出的其他金额(如应向供应单位、运输机构收取的索赔款等);月终,对于已付款但尚未验收入库的在途材料应逐笔抄转下月明细账账页内。

现以前面列举的经济业务为例,列示"材料采购明细账"的一般格式,如表4.4所示。

表 4.4　材料采购明细账

明细科目:硅酸盐材料

记账凭证		收料单编号	供应单位	购入材料简要说明	借方(实际成本)				贷方			
月	日				原价	运杂费	采保费	合计	计划成本	成本差异	其他	合计
12	1			月初在途材料				24 000				
			红星水泥厂	水泥100 t	21 000	3 000		24 000				
		(1)	市水泥厂	水泥100 t	25 000	2 000		27 000	31 000	-4 000		27 000
		(2)	秦岭水泥厂	水泥300 t	66 000	12 000		78 000	62 000	-10 000	(入库200 t)	52 000
		(3)	某发包单位	水泥500 t	152 354			152 354	155 000	-2 646		152 354
		(5)		运费		15 000		15 000		+15 000		15 000
		(6)		分配采保费			6 132	6 132		+6 132		6 132
12	31			本月合计	243 354	29 000	6 132	278 486	248 000	+4 486		252 486
				月末在途材料				50 000				
			红星水泥厂	水泥100 t	21 000	3 000		24 000				
			秦岭水泥厂	水泥100 t	22 000	4 000		26 000				

材料成本差异明细账一般按材料采购成本计算对象设置,用以反映各类材料的成本差异,便于计算材料成本差异率,并据以将发出材料的计划成本调整为实际成本。材料成本差异率可按下式计算:

$$材料成本差异率=\frac{月初结存材料成本差异+本月收入材料成本差异}{月初结存材料计划成本+本月收入材料计划成本}\times100\%$$

现以前面列举的经济业务为例,列示"材料成本差异明细账"的一般格式,如表4.5所示。

表 4.5　材料成本差异明细账

明细科目:硅酸盐材料

年		凭证号数	摘要	收入		发出		结存		成本差异率/%
月	日			计划成本	差异(节-,超+)	计划成本	差异(节-,超+)	计划成本	差异(节-,超+)	
12	1		月初余额					200 000	+3 500	+1.75
		(1)	购入水泥	31 000	-4 000			231 000	-500	
		(2)	购入水泥	62 000	-10 000			293 000	-10 500	
		(3)	拨入水泥	155 000	-2 646			448 000	-13 146	
		(5)	运费		+15 000			448 000	+1 854	
		(6)	分配采保费		+6 132			448 000	+7 986	+1.78
12	31		本月合计	248 000	+4 486	350 000	+6 230	98 000	+1 756	+1.78

(7)收入材料的明细核算

材料按计划成本核算,建筑企业应按材料保管地点、类别、品种和规格设置材料明细账(或材料卡片),组织材料的明细分类核算。材料明细账(或材料卡片)的一般格式如表 4.6 所示。

表 4.6　材料卡片

(按计划成本核算)

材料编号:011902　　　　　　　　　　　　　　　　　材料类别:硅酸盐

存放地点:水泥库　　　　　　　　　　　　　　　　　品种规格:42.5#水泥

计量单位:t　　　　　　　　　　　　　　　　　　　　计划单价:310.00

| 年 | | 凭证号数 | 摘要 | 收入数量 | 发出数量 | 结存 | | 稽核 |
月	日					数量	金额	
11	30		本月合计	200	300	200	62 000	
12		(1)	购入	100		300	93 000	
		(2)	购入	200		500	155 000	
		(3)	拨入	500		1 000	310 000	
		(4)	发出		700	300	93 000	
12	31		本月合计	800	700	300	93 000	

2)材料其他收入的核算

(1)委托外单位加工收入的材料

建筑企业常因工程施工需要,将某种库存材料委托外单位加工、改制成另一种材料。材料经加工、改制以后,其品种规格将发生变化,同时其成本也会增加。委托加工材料的成本由下列内容组成:加工中耗用的材料的实际成本;支付的加工费用;支付加工材料往返运杂费。委托外单位加工材料的实际成本通过"委托加工物资"账户核算,该账户的借方登记发送外单位加工材料所发生的实际成本,贷方记加工完成并已验收入库的材料的实际成本,余额反映尚未加工完成的材料的实际成本。本账户应按受托单位户名设明细账。

现举例说明委托加工材料的核算方法。

【例 4.7】　假设某建筑企业发出钢材 2.5 t,委托某加工单位制作成预埋铁件,钢材的计划单位成本为 3 000 元,共计 7 500 元,成本差异率为 1%;加工时支付加工费及往返运杂费 600 元,增值税 18 元;加工完成验收入库,收回预埋件 2 t,计划单位成本 4 300 元,共计 8 600 元。可作如下会计分录:

①发出材料时

借:委托加工物资——某加工单位　　　　　　7 575

　　贷:原材料——黑色金属材料(钢材)　　　　　7 500

　　　　材料成本差异——黑色金属材料　　　　　　75

②支付加工费及往返运杂费时

借:委托加工物资——某加工单位　　　　　　600

　　应交税费——应交增值税　　　　　　　　　18

　　贷:银行存款　　　　　　　　　　　　　　　618

③验收入库时

借:原材料——黑色金属材料(预埋件)　　　　　　8 600

　　贷:委托加工物资——某加工单位　　　　　　　　8 175

　　　　材料成本差异——黑色金属材料　　　　　　　　425

(2)自行制作收入的材料

自制材料往往是一些外购材料不符合施工所需而自行加工改制,如将圆钢加工为冷拔低碳钢丝等。自制材料的成本一般包括:加工中领用材料的成本;发生的加工费用。自制材料成本应通过"工程施工——辅助生产——材料自制"明细账户核算。该账户借方登记材料自制过程中发生的实际成本,贷方登记加工完成并已验收入库材料的实际成本,余额表示尚未加工完成材料的成本。材料自制成本的核算方法,可参照委托加工材料成本的核算方法,在此不作举例。

4.1.7　按实际成本核算时材料收入的核算

采用实际成本核算,取得材料时所发生的实际成本直接记入"原材料"总分类账和明细分类账,因而可以不设"材料采购"账户和"材料成本差异"账户。至于在途材料成本,可以在增设的"在途材料"账户核算。现举例说明采用实际成本核算时材料收入的核算方法。

【例4.8】　向甲水泥厂购入水泥100 t,价款20 000元,增值税2 600元,水泥已运抵工地仓库,款暂欠。会计分录为:

借:原材料——硅酸盐材料(水泥)　　　　　　20 000

　　应交税费——应交增值税　　　　　　　　　2 600

　　贷:应付账款——甲水泥厂　　　　　　　　　　22 600

【例4.9】　以银行存款支付上述水泥运费2 000元,增值税60元。会计分录为:

借:原材料——硅酸盐材料(水泥)　　　　　　2 000

　　应交税费——应交增值税　　　　　　　　　　60

　　贷:银行存款　　　　　　　　　　　　　　　2 060

【例4.10】　向乙水泥厂购入水泥50 t,价款10 500元,增值税1 365元,款项已付,水泥尚未运抵工地。会计分录为:

借:在途材料——乙水泥厂(水泥)　　　　　　10 500

　　应交税费——应交增值税　　　　　　　　　1 365

　　贷:银行存款　　　　　　　　　　　　　　　11 865

【例4.11】　月终时,乙水泥厂供应的水泥验收入库,同时以银行存款支付代垫运杂费1 500元,增值税45元。会计分录为:

借:原材料——硅酸盐材料(水泥)　　　　　　12 000

　　应交税费——应交增值税　　　　　　　　　45

　　贷:在途材料——乙水泥厂(水泥)　　　　　　10 500

　　　　银行存款　　　　　　　　　　　　　　1 545

采用实际成本核算,也要设置材料明细账,用以组织材料的明细核算。按实际成本核算,材料明细账的一般格式如表4.7所示。

表 4.7 材料明细账

(按实际成本核算)

材料编号：　　　　　　　　　　　　　　　　　　　存放地点：水泥库

材料类别：硅酸盐

品名规格：42.5#水泥　　　　　　　　　　　　　　　计量单位：t

年		凭证号数	摘要	收入			发出			结存		
月	日			数量	单价	金额	数量	单价	金额	数量	单价	金额
11	30		本月合计	200			300			200	300	60 000
12		(1)	购入	100		20 000				300	267	80 000
		(2)	运费			2 000				300	273	82 000
		(4)	购入	50		12 000				350	269	94 000
		(5)	发出				250	269	67 250	100	268	26 750
12	31		本月合计	150		34 000	250	269	67 250	100	268	26 750

4.2　材料发出成本的计算

确定材料发出成本是一项十分重要而又繁琐的工作，其准确与否直接关系期末库存材料及工程成本的准确性。材料发出成本由两项因素构成：一是发出材料的数量，二是发出材料的单位成本。如果材料日常收发采用计划成本核算，则还应分配材料成本差异。

4.2.1　材料发出数量的确定

由于建筑材料品种繁多、用途各异，有的材料（如大堆材料）在保管、计量、消耗方面也有其不同的特点，有的材料在管理上也有一定的要求（如实行限额领料），因此对施工生产过程中领用材料数量的确定方法也不完全一样。

(1)数量较少、领用次数不多、零星消耗和不经常使用的材料，以及没有制定消耗定额的材料

领用时可直接根据"领(发)料单"确定的数量作为发出材料的数量，领(发)料单的格式如表 4.8 所示。

表 4.8　领(发)料单

领料单位：　　　　　　　　　　　　　　　　　　　编号：

材料用途：　　　　　　年　　月　　日　　　　　　发料仓库：

材料编号	材料名称规格	计量单位	数量		单价	金额
			请领	实发		
	备注					

主管：　　　　　制单：　　　　　　收料：　　　　　发料：

（2）制定有消耗定额的材料

根据"定额领料单"确定的数量作为发出材料的数量。定额领料单是一种累计领料凭证，一般使用一个月，月份内累计领料数量不超过规定限额，就可以继续使用。定额领料单根据施工作业计划规定的施工任务和材料消耗定额等有关资料签发，仓库据以发料。材料限额领用完毕或在月终时结出累计领用数量后，与仓库办理结算手续。"定额领料单"的格式举例如表4.9所示。

表4.9 定额领料单

领料单位：第一项目组 编号：

材料用途：201#合同项目砖外墙 发料仓库：

任务单号：1207   签发：20××年12月1日   计划产量：210 m³

名称规格		75#红砖		42.5#水泥		生石灰		中砂			
单价		450 元/千块		0.40 元/kg		0.20 元/kg		250 元/t			
单位耗用定额		0.53		36.5		20		0.31			
定额用量	计划	111.3		7 665		4 200		65.1			
	追加			200							
实际用量		110		8 000		4 000		60			
金额		49 500		3 200		800		15 000			
领料记录	日期	数量	日期	数量	日期	数量	日期	数量	日期	数量	
	12.8	80	12.7	5 000	12.10	2 000	12.11	40			
	12.18	30	12.16	3 000	12.18	2 000	12.20	20			

主管：   签发：   领料：   发料：

如果用料单位需超过限额领料时，必须经过批准办理追加手续才能领用材料。采用定额领料单发料，可以简化领料手续，有利于加强材料使用的监督，节省材料的耗用。

（3）大堆材料

大堆材料指施工现场露天堆放的砖、砂、石、石灰等材料。这类材料由于露天存放，用量较大，不便于用计量器具来确定耗用数量；同时在供应上也是提前送至现场，陆续使用、陆续供应，因而不能以送料数量作为实际耗用量；再者有的大堆材料是几个建筑企业或几项工程共同使用，也很难分清用料对象。因此，大堆材料的实际耗用量一般于月终时采用实地盘点，以现存计算耗用的方法确定。其计算公式为：

某种大堆材料的实际耗用量=上月盘存+本月收入-月末盘存

大堆材料耗用量确定后，再按各用料对象的定额耗用量比例进行分配。大堆材料耗用量的计算与分配，是通过编制"大堆材料耗用计算单"进行的，其格式如表4.10所示。

表 4.10 大堆材料耗用计算单

用料单位： 20××年 12 月 编号：

名称规格	细砂	碎石	砖
单价	250 元/t	120 元/t	450 元/千块
上月盘存	3 000	2 500	300
加：本月新进	1 600	2 600	
减：本月调出	500		
月末盘存	2 300	700	90
本月耗用	1 800	4 400	210

耗用量分配于下列各对象

用料对象	定额用量	分配数量	金额	定额用量	分配数量	金额	定额用量	分配数量	金额
201#合同项目	1 100	1 320	330 000	3 850	4 235	508 200			
202#合同项目	100	120	30 000	150	165	19 800	30	32	14 400
403#合同项目	300	360	90 000				170	178	80 100
合计	1 500	1 800	450 000	4 000	4 400	528 000	200	210	94 500

主管： 制单： 收料： 发料：

(4) 集中配料的材料

凡领料时虽能点清数量，但系集中配料或统一下料的，如油漆、木材、钢筋等，由几种材料配制成一种新的材料，耗用时不能直接根据"领（发）料单"计入有关用料对象中，而必须按配制成综合料的耗用量计入。为了在领用时就能分清用途，应在领料单中填明"工程集中配料"字样。月终时，将配制后综合料以实际耗用的比重或定额耗用量为基础，分配于有关用料对象。其计算公式为：

① 按实际耗用的比重分配。

$$某用料对象的实耗量 = 实际耗用总量 \times 该用料对象实际耗用的比重$$

② 按定额耗用量分配。

$$某用料对象的实耗量 = 该用料对象的定额用量 \times \frac{实际耗用总量}{定额耗用总量}$$

集中配料材料的计算和分配，应通过编制"集中配料耗用计算单"进行，其格式如表 4.11 所示。

在表 4.11 中，本月各项材料耗用之和应等于"配制后综合料"的"本月新领或配成"数。每一成本核算对象耗用的数量及单价，应按配制后综合料计算。

表 4.11　集中配料耗用计算单

20××年 12 月

名称规格	调和漆		松香水		清漆		配制后综合料	
单价、单位	16.00 元/kg		8.0 元/kg		18.00 元/kg		16.00 元/kg	
	数量	金额	数量	金额	数量	金额	数量	金额
上月结存	150		50		100		20	500
加:本月新领或配成	300		30				380	5 900
减:本月调出	50							
月末盘存	80		50		70		40	640
本月耗用	320	5 120	30	240	30	540	360	5 760

综合料耗用量分配于下列各对象

成本核算对象	用量或百分率	金额	成本核算对象	用量或百分率	金额
201#合同项目	160	1 560			
202#合同项目	200	3 200			
合计	360	5 760			

(5)施工单位购入的商品混凝土

施工单位购入的商品混凝土,根据购料凭证和使用对象,直接计入用料对象。

4.2.2　发出材料单位成本的确定

1)材料日常收发核算按实际成本核算时,发出材料单位成本的确定

在材料日常收发核算按实际成本核算的情况下,发出材料的单位成本即为材料的采购成本,或委托外单位加工及自制完成入库材料的生产成本。如果同一种材料因批别或采购地点等原因造成的进料成本不一致,此时发出材料的单位成本可采用以下方法计算确定:

(1)加权平均法

加权平均法是以月初结存材料实际成本加本月各批收入材料实际成本之和,除以月初结存材料数量与本月各批收入材料数量之和,求得以数量为权数的材料平均单价,作为发料凭证标价的标准。计算公式为:

$$\frac{材\quad料}{平均单价}=\frac{月初结存材料实际成本+本月各批收入材料实际成本}{月初结存材料数量+本月各批收入材料数量}$$

采用这种方法,材料单位成本的计算一般集中在月末进行,日常计价工作量大大简化,但计价工作量集中在月末,有可能影响核算的及时性。

(2)移动加权平均法

移动加权平均法是以收料前结存材料的实际成本加上本批收入材料的实际成本,除以收料前结存材料数量加上本批收入材料数量,求得材料平均单价,作为发料凭证标价的依据。如果每批收入材料的单价有变动,就应重新计算一次材料平均单价。计算公式为:

$$\frac{材料}{平均单价} = \frac{收料前结存材料实际成本 + 本批收入材料实际成本}{收料前结存材料数量 + 本批收入材料数量}$$

采用这种方法,可以使材料的计价工作分散在平时进行,并且可随时从材料明细账中找到材料的单价,便于及时计算发出材料的成本。但是每收入一批材料就要计算一次单价,核算工作量较大。

(3)先进先出法

先进先出法是假定先入库的材料先发出,这样对于发出材料的单价则按库存材料中进货最早的那批材料的价格进行标价,如果发出材料的数量超过库存材料中最早一批进货的数量时,超过部分要依次按后一批收进材料的单价进行标价。这种方法可以及时对发出材料凭证进行标价,便于计算发出材料成本。但是,如果一次发料涉及不同批别、不同单价的购入材料,就需要按两个或两个以上的单价标价,发出材料成本计算比较麻烦。

(4)后进先出法

后进先出法是假定后入库的材料先发出,对于发出材料的单价则按最后进的那批货的价格计价,如发出材料的数量超过库存材料中最后一批进货的数量时,超过部分要依次按前一批收进的单价计价。其优缺点同先进先出法。

(5)个别认定法

个别认定法又称为分批实际法或个别计算法。采用这种方法,发出材料的单价是按收入该种或该批材料时的实际单位成本进行标价。这种方法能正确反映发出材料的成本,但必须具备两个条件:一是发出的材料必须是可以辨别和认定的,二是易于分别保管的。因此,采用这种方法,在材料管理上比较繁杂。

现举例说明各种计算方法的具体运用。

【例4.12】　假设某建筑企业42.5#水泥20××年12月份的收发结存数量及收入单价的资料如表4.12所示。

表4.12　材料明细账

材料名称:42.5#水泥　　　　　　　　　　　　　　　　　　　　　　　　　计量单位:t

年		凭证字号	摘要	收入			发出			结存		
月	日			数量	单价	金额	数量	单价	金额	数量	单价	金额
11	30		本月合计							200	260	52 000
12	1	领01	发出				50			150		
	7	收01	购入	100	240	24 000				250		
	10	领02	发出				100			150		
	17	收02	购入	500	250	125 000				650		
	25	领03	发出				200			450		
12	31		本月合计	600		149 000	350			450		

①按加权平均法计算,本月各批发出材料的平均单价为:

$$材料平均单价 = \frac{(52\,000 + 24\,000 + 125\,000)元}{(200 + 100 + 500)t} = 251.25 \ 元/t$$

②按移动平均法计算。12月1日发出50 t,按260元计价;12月7日购入100 t,单价240元,库存材料平均单价为$(150 \times 260 + 100 \times 240)$元$/(150 + 100)t= 252$元/t,12月10日发出

100 t,即按 252 元/t 计价;发料后结存 150 t,结存材料成本 37 800 元(150×252);12 月 17 日购入 500 t,单价 250 元/t,则库存材料平均单价为(37 800+125 000)元/650 t=250.46 元/t,12 月 25 日发出 200 t,即按 250.46 元/t 计价。

③按先进先出法计算。12 月 1 日发出 50 t 的单价为 260 元/t;12 月 10 日发出 100 t 的单价为 260 元/t;12 月 25 日发出 200 t 的单价:50 t 按 260 元/t 计算,100 t 按 240 元/t 计算,50 t 按 250 元/t 计算。

④按后进先出法计算。12 月 1 日发出 50 t 的单价为 260 元/t;12 月 10 日发出 100 t 的单价为 240 元/t;12 月 25 日发出 200 t 的单价为 250 元/t。

以上各种计算方法,建筑企业可根据具体情况选用。一经确定,在一定时期内就不能任意改变,以保证各期材料发出成本的一致性。

2)材料日常收发核算按计划成本核算时,发出材料单位成本的确定

在材料日常收发核算采用计划成本核算时,发出材料的单位成本按预先确定的计划单位成本计价。由于按计划成本核算,还应将发出材料的计划成本调整为实际成本,即在计划成本的基础上加上材料成本差异。因此,要正确计算发出材料实际成本,必须合理制订材料的计划单位成本,使其与实际成本的差异不致过大。因为,采用计划成本进行材料的日常核算,从某种意义上讲,材料计划成本实际上是一种平均成本,在同一材料成本差异核算类别中,某种材料产生的差异过大,就会由其他材料负担,从而影响了工程成本计算的准确性。一般来说,材料的计划单位成本可按地区材料预算单价(定额基价)为基础确定,地区材料预算缺项的部分可参照上年的实际成本确定。

发出材料的单位成本确定以后,就可在各种材料发出的凭证上进行标价,从而计算出发出材料的成本。在实际工作中,为了简化核算手续,材料发出成本总分类核算的基本方法是:月终时,根据当月按计划单位成本标价并计算出发料成本的各种发料凭证,按材料类别、用料单位或用途进行汇总,编制"发出材料汇总表",据以组织发出材料的总分类核算。如果采用计划成本核算的,还应分配材料成本差异,将发出材料的计划成本调整为实际成本。"发出材料汇总表"往往与"发出材料分配表"编制在同一张表中,其格式待后面介绍发出材料汇总分配表时一并介绍。

4.3 材料耗用成本分配的核算

4.3.1 材料耗用成本分配对象的确定

建筑企业发出的材料,具有各种各样的用途,有的用于承包工程施工,有的用于机械设备的维修,有的用于管理和组织施工生产,还有的用于非施工生产活动。因此,材料耗用成本发生后,必须正确确定受益对象,这是合理分配材料耗用成本、正确计算施工生产成本的前提。

在实际工作中,材料耗用成本一般按用料部门、用途及成本核算对象分配。具体地说:

①凡进行承包工程施工而耗用的各种材料耗用成本应由各项合同工程负担,列入工程成本的"材料费"成本项目;

②凡进行辅助产品或劳务生产而消耗的各种材料耗用成本应由辅助产品或劳务负担,列入辅助生产成本的"材料费"项目;

③凡用于维护施工机械及用作施工机械燃料的各种材料耗用成本应由施工机械作业负担,列入机械作业成本中;

④凡在组织和管理施工过程中发生的各项材料耗用成本,应由间接费用负担。

4.3.2　材料耗用成本的分配方法

材料耗用成本的分配,是指采用一定的方法将领用材料的耗用成本计入各受益对象。一般地说,凡领料时能分清用料对象的,如工程施工领用的各种材料应直接根据领料凭证上注明的用料对象计入成本核算对象中,只有这样才能真实地反映各项工程的成本水平。但是,对于不能直接计入成本核算对象的材料耗用成本,则应分配计入各成本核算对象中。在分配材料耗用成本时,应选择合理的分配标准和简便易行的分配方法,即选择的分配标准要尽可能与成本的发生有密切联系,同时分配标准的资料较易取得且计算过程尽量简便,这样才便于材料耗用成本的分配。

材料耗用成本的分配方法通常有定额耗用量比例分配法、完成产量比例分配法等。如果各用料对象共同耗用的材料都是有材料消耗定额的,材料耗用成本则可采用定额耗用量比例或定额成本比例进行分配,如大堆材料等。

采用材料定额耗用量或定额成本比例分配材料耗用成本时,计算公式为:

$$材料分配率 = \frac{材料实际消耗量(或成本)}{各用料对象定额耗用量(或定额成本)之和}$$

$$\begin{matrix}某工程应分配的 \\ 材料数量(或成本)\end{matrix} = \begin{matrix}该工程的材料定额 \\ 消耗量(或定额成本)\end{matrix} \times \begin{matrix}材\quad料 \\ 分配率\end{matrix}$$

这种方法一般适用于大堆材料、集中配料的材料等的分配。现以大堆材料分配为例,说明这种方法的具体应用。

【例 4.13】　设某建筑企业本月耗用细砂 1 800 t,单价 250 元/t。各工程细砂定额耗用量为:甲合同项目 1 100 t,乙合同项目 130 t,丙合同项目 110 t,丁合同项目 160 t,共计 1 500 t。分配结果如表 4.13 所示。

表 4.13　材料耗用分配结果

分配对象	定额耗用量/t	分配率	实际分配量/t	分配额/元
甲合同项目	1 100		1 320	330 000
乙合同项目	130	$\frac{1\ 800}{1\ 500}=1.2$	156	39 000
丙合同项目	110		132	33 000
丁合同项目	160		192	48 000
合计	1 500		1 800	450 000

在实际工作中,上述分配直接在"大堆材料耗用计算单"中完成。

对于领用的材料发生退料或废料回收时,应根据退料凭证(如"退料单"或红字填列的"领料单")和废料交库凭证(如"废料交库单"),按材料领用时的用途归类,冲减原领用材料成本。

4.3.3 材料耗用成本分配的核算

1) 编制"材料耗用成本汇总分配表"应注意的问题

上面介绍了各种耗用材料成本采用不同的凭证,直接计入或分配计入受益对象的方法。但是上述各种材料耗用凭证只是一些零星的计算资料,为了了解当月各用料对象究竟发生了多少材料耗用成本,还应将这些资料进行归类与汇总。因此,建筑企业应于月终时,根据领料单、定额领料单、集中配料耗用计算单、大堆材料耗用计算单和退料单等,编制"材料耗用成本汇总分配表",作为材料成本归集和分配核算的依据。在编制"材料耗用成本汇总分配表"时,应注意以下几个问题:

①认真审查耗料凭证。对耗料凭证进行审查,除注意耗料凭证是否符合会计凭证的一般要求外,还应注意材料耗用对象填写是否正确,数字是否真实可靠。对于不合理的材料消耗或串记工号等情况,应根据当月实际完成工程量及材料消耗定额进行审查,及时与有关人员联系更正。

②分清材料用途。建筑企业每月除了用于承包工程施工的材料外,还会发生一些其他方面的用料,如固定资产修理、临时设施搭建用料等,应严格划分清楚,分别反映。

③对于重点核算的主要材料和结构件,还应反映其耗用数量。为了满足成本管理的需要,对各承包工程耗用的主要材料和结构件,除了汇总耗用金额外,还应汇总耗用数量。重点核算的主要材料由各企业自行规定,但应与承包工程成本明细账和竣工成本决算的要求相一致。

2) 按计划成本核算时,材料耗用成本分配的核算

采用计划成本核算时,各种发料凭证标注的是材料的计划成本,在按计划成本汇总后,还应将其调整为实际成本。将材料计划成本调整为实际成本的计算公式为:

$$\frac{发出材料}{实际成本} = \frac{发出材料}{计划成本} \pm \frac{发出材料应分配}{的成本差异额}$$

$$\frac{发出材料应分配}{的成本差异额} = \frac{发出材料}{计划成本} \times \frac{材料成本}{差 异 率}$$

上式中的材料成本差异率,可直接从"材料成本差异明细账"中查找。

假设某建筑企业根据材料耗用凭证编制的"材料耗用成本汇总分配表"如表 4.14 所示,则根据各类材料的成本差异率编制的"材料成本差异分配表"如表 4.15 所示。

表 4.14　材料耗用成本汇总分配表

（按计划成本核算）

20××年 12 月 31 日

受益对象 / 材料名称	工程施工——合同成本								工程施工——辅助生产		机械作业		合计金额
	101#合同项目							小计金额	供水车间	小计	搅拌机	小计	
	数量	金额	数量	金额	数量	金额	数量	金额					
一、主要材料													
1.钢材/t	20	62 010						89 600					89 600
2.水泥/t	215	45 900						72 100					72 100
3.砂石/t	2 100	57 100						68 700					68 700
4.砖/千块								15 960					15 960
5.其他主材/元		2 000						13 500					13 500
6.小计		167 010						259 860					259 860
二、结构件								89 100					89 100
混凝土构件/m³								89 100					89 100
三、机械配件													
小计											1 000	8 000	8 000
四、辅助材料													
小计		1 300						2 200	4 000	6 000	100	2 000	10 200
五、合计		168 310						351 160	4 000	6 000	1 100	10 000	367 160

表 4.15　材料成本差异分配表

20××年 12 月 31 日

受益对象 / 材料类别	成本差异率/%	工程施工——合同成本				工程施工——辅助生产		机械作业		成本差异合计
		101#合同项目		小计		小计		小计		
		计划成本	成本差异	计划成本	成本差异	计划成本	成本差异	计划成本	成本差异	
一、主要材料			4 208		6 690					6 690
1.钢材	3.00	62 010	1 860	89 600	2 688					2 688
2.水泥	2.20	45 900	1 010	72 100	1 586					1 586
3.砂石	2.20	57 100	1 256	68 700	1 511					1 511
4.砖	2.20			15 960	351					351
5.其他主材	4.10	2 000	82	13 500	554					554
二、机械配件	1.00							8 000	80	80
三、辅助材料	−3.00	1 300	−39	2 200	−66	6 000	−180	2 000	−60	−306
四、合计			4 169		6 624		−180		20	6 464

根据表 4.13、表 4.14 可作如下会计分录:

①发出库存材料计划成本

借:工程施工——合同成本　　　　　　　351 160

　　工程施工——辅助生产　　　　　　　　6 000

　　机械作业　　　　　　　　　　　　　10 000

　　　贷:原材料——主要材料　　　　　　259 860

　　　　　　　　——结构件　　　　　　　89 100

　　　　　　　　——机械配件　　　　　　　8 000

　　　　　　　　——辅助材料　　　　　　10 200

②分配材料成本差异

借:工程施工——合同成本　　　　　　　　6 624

　　工程施工——辅助生产　　　　　　　　　180

　　机械作业　　　　　　　　　　　　　　　20

　　　贷:材料成本差异——主要材料　　　　6 690

　　　　　　　　——机械配件　　　　　　　　80

　　　　　　　　——辅助材料　　　　　　　306

3) 按实际成本核算时,材料耗用成本分配的核算

按实际成本核算时,发料凭证上标注的是材料的实际成本,经过汇总后,即可组织材料耗用成本分配的核算。但是在实际工作中,发料凭证上标注的材料实际成本一般不包括采购保管费的开支。因此,还要将采购保管费分配计入材料受益对象中。

按实际成本核算,"材料耗用成本汇总分配表"的格式如表 4.16 所示。

表 4.16　材料耗用成本汇总分配表

(按实际成本核算)

20××年 12 月 31 日

受益对象　材料类别	工程施工——合同成本					工程施工——辅助生产		机械作业		合计金额
	101#合同项目				小计金额	供水车间	小计金额	混凝土搅拌机	小计金额	
	数量	金额								
主要材料小计		167 861			261 322					261 322
钢材/t	20	62 618			90 478					90 478
水泥/t	215	45 990			72 241					72 241
砂石/t	2 100	57 212			68 834					68 834
砖/千块					15 991					15 991
其他主材/元		2 041			13 778					13 778
结构件小计					87 353					87 353
辅助材料小计		1 236			2 092	5 706		1 902		9 700

续表

受益对象 材料类别	工程施工——合同成本				工程施工—— 辅助生产		机械作业		合计 金额
	101#合同项目			小计 金额	供水 车间	小计 金额	混凝土 搅拌机	小计 金额	
	数量	金额							
机械配件小计								7 922	7 922
合计		169 097		350 767	5 706			9 824	366 297
加:采购保管费 （分配率2%）		3 381		7 015		114		196	7 325
总计		172 451		357 782	5 820			10 020	373 622

根据表4.16,可作如下会计分录:

①登记耗用材料的实际成本时

借:工程施工——合同成本　　　　　　　350 767

　　工程施工——辅助生产　　　　　　　　5 706

　　机械作业　　　　　　　　　　　　　　9 824

　　贷:库存材料——主要材料　　　　　261 322

　　　　　　　　——结构件　　　　　　87 353

　　　　　　　　——辅助材料　　　　　　9 700

　　　　　　　　——机械配件　　　　　　7 922

②登记耗用材料应分配的采购保管费时

借:工程施工——合同成本　　　　　　　　7 015

　　工程施工——辅助生产　　　　　　　　　114

　　机械作业　　　　　　　　　　　　　　　196

　　贷:采购保管费　　　　　　　　　　　7 325

本章小结

　　材料成本在工程成本中占有很大比重,材料成本的核算是工程成本核算的重要内容。材料成本的核算,首先要确定收入材料成本,然后再计算发出材料成本并归集到受益对象成本中。

　　材料收入成本的核算取决于材料的收入来源和核算方法。采用计划成本核算时,购入材料的采购成本通过“材料采购”账户核算,委托外单位加工材料发生的加工成本通过“委托加工物资”账户核算,自行制作材料的制作成本通过“工程施工——辅助生产”账户核算。当上述来源材料验收入库时,按其计划成本结转于“原材料”等账户,并将计划成本与实际成本的差额结转于“材料成本差异”账户。采用实际成本核算时,外购材料的采购成本直接记入“原材料”等账户,如月末存在在途材料,则记入“在途材料”账户,待其验收入库后再结转于“原材料"等账户;委托加工材料、自制材料成本,分别通过"委托加工物资"和"工程施工——辅助生产"账户核算后,验收入库时将其成本结转于"原材料"等账户。

材料发出成本的核算取决于材料发出的数量和单位成本。材料发出的数量,一般由发料凭证确定。材料发出的单位成本,如采用计划成本核算,则为计划单价;如采用实际成本核算,则可按加权平均法、移动加权平均法、先进先出法、后进先出法和个别认定法计算确定。采用计划成本核算时,还应分配材料成本差异;采用实际成本核算时,还应分配采购保管费。

材料发出成本应按材料用途计入各受益对象。凡领料时能分清用料对象的,应直接计入受益对象中;凡由若干受益对象共同耗费的,则可按各受益对象的定额耗用量或完成产量的比例进行分配。为了组织材料耗用成本分配的核算,还应编制"材料耗用成本汇总分配表"。采用计划成本核算时,"材料耗用成本汇总分配表"反映的是计划成本,应同时分配材料成本差异,将计划成本调整为实际成本;采用实际成本核算时,"材料耗用成本汇总分配表"反映的是直接成本,一般还应分配采购保管费。根据"材料耗用成本汇总分配表"确定的用料对象,分别记入"工程施工"、"机械作业"等账户。

复习思考题

4.1 材料有哪几种分类方法?试说明各种分类结果。

4.2 材料成本有哪几种核算方法?各种核算方法各有哪些特点?

4.3 材料采购成本由哪些内容组成?

4.4 材料采购收入核算应设置哪些会计账户?试说明各账户的核算内容与结构。

4.5 试说明按计划成本核算时材料采购收入核算的程序。

4.6 按计划成本核算,如何将耗用材料的计划成本调整为实际成本?

4.7 按实际成本核算,耗用材料单位成本有哪几种计算方法?试说明各种方法的具体内容。

4.8 材料耗用成本如何进行分配?

4.9 编制"材料耗用成本汇总分配表"应注意哪几个问题?

4.10 练习按计划成本核算,材料采购和收入的核算。

(1)资料:某建筑企业20××年9月硅酸盐材料采购收入核算资料。

● 有关账户月初余额:

①材料采购——硅酸盐材料25 100元,其中:

长城水泥厂 42.5#水泥 30 t 原价7 500元 运杂费600元 计8 100元

金星建材厂 红砖 40千块 原价16 000元 运杂费1 000元 计17 000元

②材料成本差异——硅酸盐材料3 645元。

③原材料——硅酸盐材料309 000元,其中:

红砖 500千块 单价400元/千块 计200 000元

42.5#水泥 250 t 单价300元/t 计75 000元

52.5#水泥 100 t 单价340元/t 计34 000元

●本月发生下列经济业务：

①2日向红光水泥厂购买42.5#水泥100 t，货款25 000元，运杂费1 000元，增值税3 350元，共计29 350元，款项已用银行存款付清，材料如数验收入库；

②2日向市建材商店购买平板玻璃500 m²，货款4 500元，增值税585元，已按发票金额开出转账支票支付；材料入库，计划单价为10元；

③5日发包单位拨入下列材料，抵作工程备料款：

42.5#水泥　300 t　预算单价（不含税）270元/t　计81 000元

52.5#水泥　150 t　预算单价（不含税）310元/t　计46 500元

根据合同规定，采购保管费率为2.5%，建筑企业占1.75%。

④10日向渝江水泥厂购买42.5#水泥200 t，货款49 600元，运杂费1 000元，增值税6 548元，共计57 148元，款项已用银行存款支付，材料验收时短缺10 t，已向该厂提出索赔，其余材料都已入库；

⑤16日向金山水泥厂购买52.5#水泥300 t，货款91 500元，运杂费3 000元，增值税12 195元，款项尚未支付，材料如数入库；

⑥22日银行转来白山水泥厂托收承付结算凭证及所附发票和铁路运单，内容为42.5#水泥300 t，货款81 000元，代垫运费1 500元，增值税10 680元，共计93 180元，材料分次到货，经与合同核对无误，款项已经承付；

⑦28日白山水泥厂水泥已到货100 t；

⑧30日根据采购保管费分配表，该类材料本月应分配的采购保管费为12 000元；

⑨30日根据收料单，长城水泥厂42.5#水泥30 t已入库；

⑩30日根据收料单，金星建材厂红砖已到货20千块。

（2）要求：

①设置材料采购明细账、材料成本差异明细账和材料明细账，并登记期初余额；

②根据上述经济业务，编制会计分录；

③登记上述有关明细账，并结出本月发生额和余额。

4.11　练习按实际成本核算，材料采购和收入的核算。

（1）资料：某建筑企业20××年9月硅酸盐材料采购收入核算资料。

①有关账户月初余额见复习思考题4.10，将计划成本和成本差异额相加作为实际成本；

②本月发生的经济业务见复习思考题4.10。

（2）要求：

①设置材料明细账，并登记月初余额；

②根据资料②所列资料，编制会计分录；

③登记材料明细账。

4.12　练习按计划成本核算，材料耗用成本分配的核算。

（1）资料：某建筑企业20××年9月材料耗用汇总表，如下表所示。

材料耗用汇总表

20××年9月

项目	计划单价	差异率/%	工程施工——合同成本		工程施工——辅助生产		机械作业		合计	
			数量	计划成本	数量	计划成本	数量	计划成本	数量	计划成本
主要材料										
1.硅酸盐材料										
红砖/千块			510						560	
42.5#水泥/t			500		100				600	
52.5#水泥/t			400						400	
平板玻璃/m²			500						700	
2.木材		1.66		53 000		5 000				58 000
3.黑色金属		−0.4		145 000		35 000		3 000		183 000
4.砂石		1.3		230 000		30 000				260 000
结构件		−0.2		121 000						121 000
机械配件		−1.0						13 500		13 500
辅助材料		0.7		20 000		10 000		1 000		31 000
总计										

（2）要求：

①根据复习思考题4.10的材料计划单价、材料成本差异率和上述材料耗用汇总表资料，编制"材料耗用成本汇总分配表"和"材料成本差异分配表"；

②根据上述分配表，编制会计分录。

4.13　练习按实际成本核算，材料耗用成本分配的核算。

（1）资料：某建筑企业20××年9月材料耗用汇总表如上表所示。

补充资料如下：

①硅酸盐材料的实际单价见复习思考题4.11登记的材料明细账，按加权平均法计算；

②除硅酸盐材料以外的其他各类材料应将计划成本和成本差异额相加作为耗用材料的实际成本；

③采购保管费账户月初余额为20 000元，本月发生额为5 000元。

（2）要求：

①根据上述资料，编制"材料耗用成本汇总分配表"；

②根据"材料耗用成本汇总分配表"编制会计分录。

第5章 折旧及其他费用的核算

在工程施工过程中，除了耗费劳动对象和劳动力以外，还要耗费一定的劳动资料，包括固定资产的损耗即折旧费用、周转材料的摊销费用、临时设施的摊销费用，以及发生与工程施工有关的其他开支(如待摊费用和预提费用)。这些耗费和开支也是工程成本的组成内容，因此在工程成本计算中必须对此进行核算。

5.1 折旧费用的核算

折旧是固定资产在使用过程中由于损耗而减少的那部分价值。固定资产损耗的这部分价值，应当在固定资产的有效使用年限内进行分摊，形成折旧费用，计入各期成本和费用中。因此，正确计算折旧，对工程成本和费用的计算，以及正确反映固定资产的账面价值都有着十分重要的作用。

5.1.1 影响固定资产折旧的基本因素

1) 固定资产价值

固定资产价值是指企业为购建某项固定资产并在其达到可使用状态前所发生的一切合理必要的开支，包括购建固定资产所发生的设备价款、运杂费、包装费和建筑安装工程成本，以及分摊的借款利息和其他费用。固定资产的来源渠道不同，其价值构成的具体内容也有所差异，一般来说：

①购入不需要安装的设备，按实际支付的买价加上支付的运输费、税金、包装费等作为固定资产价值；如购入需要安装的设备，还应加上安装成本。

②自行建造的固定资产，按建造过程中发生的全部开支作为固定资产价值。

③在原有固定资产基础上进行改、扩建的，按原有固定资产价值，减去改、扩建过程中发生的变价收入，加上改、扩建增加的开支作为固定资产价值。

④盘盈的固定资产，按同类固定资产的重置完全价值作为固定资产价值。

⑤经批准无偿调入的固定资产,按调出单位的账面价值加上发生的运输费、安装费等作为固定资产价值。

其他来源渠道增加的固定资产,按会计制度的规定确认固定资产的价值。

固定资产价值除发生下列情况外一律不得调整:根据国家规定对固定资产价值重新估价;增加补充设备或改良装置;将固定资产一部分拆除;根据实际价值调整原来的暂估价值;发现原有固定资产价值有错误。

2) 固定资产预计净残值

固定资产预计净残值是指固定资产报废时预计可以回收的残值扣除预计清理费用后的数额。残值是指固定资产报废时回收的尚可利用或出售的残余材料的价值。由于残值可以抵补固定资产的原始价值,因此应从原始价值中扣除。清理费用是指固定资产报废时所需拆除、搬运费用,它是固定资产使用的一项必要的追加费用,因此应预先加以估计,连同固定资产原始价值一起由折旧期间的施工生产成本负担。

3) 固定资产折旧年限

固定资产折旧年限是指固定资产原始价值扣除净残值后的价值补偿所需的期限(年数)。固定资产折旧年限一般以其预计使用年限为基础,适当考虑固定资产的无形损耗。

5.1.2 固定资产折旧的计提范围

根据会计制度的规定,建筑企业在用的固定资产一般均应计提折旧,具体包括:房屋及建筑物;在用的机械设备、仪器仪表、运输工具;季节性停用、大修理停用的设备;经营租赁方式租出的固定资产等。

不计提折旧的固定资产包括:房屋及建筑物以外的未使用、不需用的固定资产;以经营租赁方式租入的固定资产;已提足折旧继续使用的固定资产;按规定单独估价作为固定资产入账的土地。

5.1.3 固定资产折旧的计算方法

根据现行财务制度的规定,固定资产折旧的计算方法有以下几种:

1) 平均年限法

平均年限法是指根据固定资产应提折旧的价值和固定资产的折旧年限平均计算折旧额的一种方法。其计算公式为:

$$固定资产年折旧额=固定资产原始价值×固定资产年折旧率$$

式中,固定资产年折旧率按下式计算:

$$固定资产年折旧率=\frac{1-预计净残值率}{规定的折旧年限}×100\%$$

如计算月折旧率及月折旧额,则需要将上述公式除以 12 即可求得。

固定资产折旧率按计算对象的不同,分为个别折旧率、分类折旧率和综合折旧率 3 种。个别折旧率是按单项固定资产逐项计算的折旧率,分类折旧率是按各类固定资产分别计算的折旧率,综合折旧率是按全部固定资产计算的折旧率。按个别折旧率计提折旧工作量过大,按综合折旧率计提折旧则会影响折旧费的合理分配,而采用分类折旧率既可适当简化核算工作,又可较为合理地分配折旧费用。

上式中的预计净残值率,是指预计净残值(即预计残值减去预计清理费用后的余额)占固定资产原值的比率,一般为 3%~5%,由企业自主决定。各类固定资产的折旧年限,应根据各类固定资产的有形损耗与无形损耗大小加以确定。现行财务制度根据上述原则,对各类固定资产的折旧年限作了统一规定,如房屋 30~40 年,建筑物 15~25 年,起重机械5~7 年,挖掘机械、土石方铲运机械 10~14 年,钢筋及混凝土机械 8~10 年,汽车及拖挂 8~12 年,木工加工机械 8~10 年,材料试验设备 7~10 年,办公用具 10~14 年等。现举例说明如下。

【例 5.1】 假设某建筑企业木工加工机械的原值为 500 000 元,规定的折旧年限为 10 年,预计净残值率为 4%。则:

$$年折旧率 = \frac{1-4\%}{10} \times 100\% = 9.6\%$$

$$月折旧率 = \frac{1-4\%}{10 \times 12} \times 100\% = 0.8\%$$

$$月折旧额 = 500\ 000\ 元 \times 0.8\% = 4\ 000\ 元$$

2) 工作量法

工作量法是指按照固定资产在使用期间提供的工作量(如行驶里程、工作台班等)和单位工作量应提折旧额计算固定资产折旧额的一种方法。其计算公式为:

$$固定资产年(或月)折旧额 = \frac{年(或月)实际}{完成的工作量} \times \frac{单位工作}{量折旧额}$$

式中,单位工作量折旧额可按下式计算:

$$单位工作量折旧额 = \frac{固定资产原值 \times (1-预计净残值率)}{规定的总工作量}$$

这种方法适用于建筑企业大型建筑施工机械和运输设备折旧额的计算。现举例说明如下。

【例 5.2】 假设某建筑企业一辆运货汽车,原值为 150 000 元,预计净残值率为 3%,预计总行驶里程为 500 000 km,本月行驶 6 000 km。则:

$$单位工作量折旧额 = \frac{150\ 000\ 元 \times (1-3\%)}{500\ 000\ km} = 0.291\ 元/km$$

$$本月应提折旧额 = 0.291\ 元/km \times 6\ 000\ km = 1\ 746\ 元$$

3) 双倍余额递减法

双倍余额递减法是指按照固定资产的账面余额(净值)和双倍直线法(平均年限法)折旧率来计算固定资产折旧额的一种方法。其计算公式为:

$$固定资产年折旧率 = \frac{2}{折旧年限} \times 100\%$$

$$固定资产年折旧额 = 年初固定资产账面余额 \times 年折旧率$$

采用这种方法由于不能把固定资产的账面余额降低到它的残值以下,所以在折旧年限到期前2年应转换为直线法(平均年限法)计提折旧。现举例说明如下。

【例5.3】 假设某建筑企业有一台空气压缩机,原值为40 000元,预计残值1 000元,规定的折旧年限为5年。则各年折旧额的计算如表5.1所示。

表5.1 固定资产折旧额计算表

年次	年初账面余额	折旧率/%	折旧额	累计折旧额	年末账面余额
1	40 000	40	16 000	16 000	24 000
2	24 000	40	9 600	25 600	14 400
3	14 400	40	5 760	31 360	8 640
4	8 640	—	3 820	35 180	4 820
5	4 820	—	3 820	39 000	1 000

4)年数总和法

年数总和法是指将固定资产应计折旧总额乘以一个逐年递减的分数(折旧率)来计算折旧额的一种方法。其计算公式为:

$$固定资产年折旧率 = \frac{尚可使用年数}{年数总和} \times 100\%$$

式中:

$$尚可使用年数 = 折旧年限 - 已使用年数$$
$$年数总和 = 折旧年限 \times (折旧年限 + 1)/2$$
$$固定资产年折旧额 = 应计折旧固定资产总额 \times 年折旧率$$

如上例,各年固定资产折旧额计算如表5.2所示。

表5.2 固定资产折旧额计算表

年次	原价-残值	尚可使用年数	折旧率	折旧额	累计折旧额
1	39 000	5	5/15	13 000	13 000
2	39 000	4	4/15	10 400	23 400
3	39 000	3	3/15	7 800	31 200
4	39 000	2	2/15	5 200	36 400
5	39 000	1	1/15	2 600	39 000

上述4种折旧额计算方法中,后两种属于加速折旧法。加速折旧包含两层意思:一是缩短折旧年限;二是采取前期多提折旧额、后期少提折旧额的办法。采用加速折旧法,符合配比原则,同时可尽快收回固定资产投资,避免投资风险。

固定资产的折旧额,一般应以月初固定资产的账面原值和规定的月折旧率,按月计算提取。

5.1.4 固定资产折旧的核算

建筑企业按月计提的固定资产折旧额,应按照使用固定资产的部门和用途,分别记入有关账户:工程施工过程中使用的施工机械计提的折旧,记入"机械作业"账户;施工管理使用的房屋建筑物等固定资产计提的折旧,记入"工程施工——间接费用"账户;辅助生产部门使用的固定资产计提的折旧,记入"工程施工——辅助生产"账户。固定资产折旧额的计提应编制"固定资产折旧额计算分配表",据以确定当期应计提的折旧额,并作为固定资产折旧核算的依据。其格式举例如表 5.3 所示。

表 5.3　固定资产折旧额计算分配表

20××年 6 月 30 日

固定资产类别	应计折旧固定资产原值	月折旧率/%	月折旧额	折旧额分配于下列对象		
				机械作业	辅助生产	间接费用
房屋建筑物	1 000 000	0.20	2 000		500	1 500
施工机械	1 500 000	0.80	12 000	12 000		
运输设备	100 000	0.80	800	800		
生产设备	50 000	0.60	300		300	
其他	200 000	0.25	500			500
合计	2 850 000		15 600	12 800	800	2 000

根据上表资料,可编制如下会计分录:

借:机械作业　　　　　　　　　　　　　12 800
　　工程施工——辅助生产　　　　　　　　800
　　工程施工——间接费用　　　　　　　2 000
　　贷:累计折旧　　　　　　　　　　　　　15 600

5.2　周转材料摊销费用的核算

周转材料是建筑企业不够固定资产标准的劳动资料,与固定资产一样能够多次使用,并能基本保持原有的实物形态的材料。主要包括:

①工具与用具。包括:生产工具,指施工过程中使用的各种工具和器具,如铁镐、铁锹等;管理用具,指施工管理部门使用的各种办公用具,如桌、椅等;劳保用品,指发放给生产工人在施工中使用的各种劳动保护用品,如工作服等;玻璃器皿,指检验试验部门使用的各种玻璃器皿,如烧杯等。

②模板与架料。包括:模板,指浇灌混凝土用的各种模型板,如钢模板、木模板等;挡板,指土方工程用的挡土板;架料,指搭脚手架用的各种材料,如木杆、钢管等;其他周转材料,指不属于以上各类的其他周转材料,如塔吊用的轻轨等。

周转材料从它们在施工过程中所起的作用来看,属于劳动资料,因此必须正确计算其在使用过程中的损耗价值,并把损耗价值转移到工程成本中。周转材料的损耗价值是通过一定的摊销方法转移到工程成本中的。

5.2.1　周转材料的摊销方法

对于在用的周转材料,应采用一定的摊销方法计提摊销额,以正确反映其价值损耗及转移

情况,同时也为工程成本的计算提供依据。周转材料的摊销方法主要有以下几种:

1)一次摊销法

一次摊销法指在领用时将其全部成本一次计入工程成本中。这种方法适用于价值较小的物品、玻璃器皿以及易腐、易糟的周转材料等。

2)五五摊销法

五五摊销法指领用时摊销其成本的50%,报废时再摊销其成本的50%计入工程成本中。

3)分期摊销法

根据周转材料的预计使用期限(月)将其成本分期摊入工程成本。计算公式为:

$$周转材料月摊销额 = 周转材料原价 \times 月摊销率$$

式中:

$$月摊销率 = \frac{1 - 预计残值率}{预计使用月数}$$

【例5.4】 某工程本月使用的脚手架的原价为50 000元,该脚手架预计使用20个月,预计残值率为10%。则:

$$月摊销率 = \frac{1 - 10\%}{20} \times 100\% = 4.5\%$$

$$月摊销额 = 50\ 000\ 元 \times 4.5\% = 2\ 250\ 元$$

这种方法适用于架料等周转材料摊销额的计提。

4)分次摊销法

分次摊销法是根据周转材料预计使用次数将其成本分次摊入工程成本。计算公式为:

$$周转材料每使用一次摊销额 = 周转材料原价 \times 每次摊销率$$

式中:

$$每次摊销率 = \frac{1 - 预计残值率}{预计使用次数} \times 100\%$$

【例5.5】 某工程预制钢筋混凝土构件使用模板的原价为313 500元,预计使用6次,预计残值率为10%。则:

$$每次摊销率 = \frac{1 - 10\%}{6} \times 100\% = 15\%$$

$$每使用一次摊销额 = 313\ 500\ 元 \times 15\% = 47\ 025\ 元$$

这种方法适用于模板等周转材料摊销额的计算。

5)定额摊销法

定额摊销法指根据实际完成的实物工程量和预算定额规定的周转材料消耗定额,计算本期摊销额。计算公式为:

$$周转材料本期摊销额 = \left(\begin{array}{c} 本期完成的 \\ 某项实物工程量 \end{array} \times \begin{array}{c} 周转材料 \\ 消耗定额 \end{array} \right) \times 周转材料单价$$

【例5.6】 某工程本月完成现浇混凝土工程量1 000 m³,单位混凝土工程模板消耗定额为0.07 m³/m³,模板单价为900元/m³。则:

本月模板摊销额 = 1 000 m³ × 0.07 m³/m³ × 900 元/m³ = 63 000 元

这种方法适用于模板等周转材料摊销额的计提。

由于周转材料在使用过程中要不断加工改制,其实物形态也要发生变化,因此不论采用哪种摊销方法,在年终或工程竣工时,都应对周转材料进行盘点清理,根据实际损耗情况调整已提摊销额。其方法为:

①通过盘点确定短缺的周转材料,按下式计算应补提的摊销额:

$$补提摊销额 = 应提摊销额 - 已提摊销额$$

式中,应提摊销额为短缺周转材料的原价,已提摊销额按下式计算:

$$\frac{已提}{摊销额} = \frac{短缺周转}{材料原价} \times \frac{该类在用周转材料账面已提摊销额}{该类在用周转材料账面原价}$$

②通过盘点确定降低成色的周转材料,按下式计算应补提的摊销额:

$$补提摊销额 = 应提摊销额 - 已提摊销额$$

式中:

$$应提摊销额 = 盘存周转材料原价 \times (1 - 盘存时确定的成色)$$

$$已提摊销额 = 盘存周转材料原价 \times \frac{该类在用周转材料账面已提摊销额}{该类在用周转材料账面原价}$$

上述各种周转材料的摊销方法,建筑企业可根据具体情况自行确定。各种摊销方法确定以后,不应随意变更。

5.2.2　周转材料摊销的凭证和手续

建立和健全周转材料摊销的凭证和手续,是明确经济责任制,加强在用周转材料管理,正确计算工程成本的基础。周转材料摊销的主要凭证有:

1)领(发)料单

对于采用一次摊销法计提摊销的周转材料,领用时填制"领(发)料单",既作为周转材料领用的依据,同时也作为周转材料摊销的依据。其格式与填制手续同材料的领发业务。

2)在用工具与用具摊销计算单

对于采用分期摊销法或五五摊销法的工具与用具,一般于月终时根据各类物品的账面原价和规定的摊销率,编制"在用工具与用具摊销计算单",据以计算在用工具与用具的摊销额。其格式如表5.4所示。

表 5.4　在用工具与用具摊销计算单

20××年 12 月

类别	生产工具		劳保用品		管理用具		合计金额
摊销率/%	50		50		15		
用途	原价	摊销额	原价	摊销额	原价	摊销额	
1.施工领用	14 000	7 000	2 000	1 000			8 000
2.工程机械领用	400	200	400	200			400
3.辅助生产领用	200	100					100
4.施工管理领用					1 000	150	150
合计	14 600	7 300	2 400	1 200	1 000	150	8 650

3)在用模板与架料摊销计算单

采用分次或分期摊销的在用模板与架料,一般于月终时编制"在用模板与架料摊销计算单",据以计提在用模板与架料的摊销额。其格式如表5.5所示。

表5.5　在用模板与架料摊销计算单

20××年12月

名称规格	钢管	配件	跳板		
单价	3 000 元/t	5 000 元/t	1 400 元/m³		
月摊销率/%	4	4	5		
上月结存	36	3	20		
加:本月领用	10	1	5		
减:批准上月报废	5		1		
退回仓库					
月末结存	41	4	24		
其中:待报废	3		1		
应计摊销额	4 920	800	1 680		
摊销额合计	7 400				

摊销额分配于下列各对象

分配对象	分配基础	分配额			
201#合同项目	1 206	1 576			
202#合同项目	1 830	2 391			
403#合同项目	2 600	3 433			
合计	5 636	7 400			

表中,应计摊销额按下式计算:

应计摊销额=(上月结存+本月领用−批准上月报废)×单价×月摊销率

"分配基础"列可以按定额摊销数填列,也可按实际受益的比重(百分比)填列。

根据上述周转材料摊销的凭证,就可确定在一定时期内应计提的摊销额,从而可以组织周转材料摊销的核算。

5.2.3　周转材料摊销费用的核算

建筑企业按月计算提取的周转材料的摊销费用,应按照使用部门和对象,分别记入有关账户:工程施工过程中使用的周转材料计提的摊销,记入"工程施工——合同成本"账户;施工管理部门使用的周转材料计提的摊销,记入"工程施工——间接费用"账户;机械作业和辅助生产部门使用的周转材料计提的摊销,记入"机械作业"和"工程施工——辅助生产"账户。

现根据前面举例说明周转材料摊销计提的会计处理方法。

①根据表 5.4 所示资料,可编制如下会计分录:

借:工程施工——合同成本　　　　　　　　　　　　　　8 000

　　工程施工——辅助生产　　　　　　　　　　　　　　　100

　　机械作业　　　　　　　　　　　　　　　　　　　　 400

　　工程施工——间接费用　　　　　　　　　　　　　　　150

　　贷:周转材料——周转材料摊销(工具与用具摊销)　　　　　8 650

②根据表 5.5 所示资料,可编制如下会计分录:

借:工程施工——合同成本　　　　　　　　　　　　　　7 400

　　贷:周转材料——周转材料摊销(模板与架料摊销)　　　　　7 400

5.3　临时设施费的核算

临时设施是指建筑企业为进行工程建设所必需的生活和生产用的临时建筑物、构筑物和其他临时性的设施。

临时设施包括临时宿舍、文化福利及公用事业房屋等构筑物、仓库、办公室、加工场、食堂、理发室、诊疗所、搅拌台,现场内的人行便道、手推架车道、便桥,临时简易水塔、水池、围墙;施工现场范围内每幢建筑物或构筑物沿外边起一定距离以内的水管、电线及其他动力管线。

临时设施费是建筑企业使用临时设施时发生的各项资金耗费,包括临时设施的搭设、维修、拆除和支付的租赁费等方面的开支。

建筑企业搭设临时设施所需的资金,一般采取向工程发包单位收取临时设施费,实行包干使用。临时设施费实行包干使用,有利于加强建设资金的管理,节约基本建设投资。

建筑企业搭建临时设施,应当按照施工总平面图的布置,满足施工生产和生活需要,并根据使用期的长短和自然条件等,因地制宜、就地取材,尽量利用次旧材料,力求经济、合理、实用。临时设施建成后,应由使用部门负责管理,严禁乱拆乱搭。临时设施拆除后,要及时回收残余材料,防止丢失。

5.3.1　临时设施搭建的核算

建筑企业搭设临时设施发生的开支,应通过"固定资产"账户下设的"临时设施(原价)"明细账户核算,该明细账户借方登记搭设临时设施时实际发生的各项开支,贷方登记拆除临时设施的实际成本,余额表示使用中临时设施的实际成本。本二级账户还应按临时设施的种类和使用部门设置明细账组织明细核算。

建筑企业搭建临时设施时,其开支可先通过"在建工程"账户核算,发生各项开支时,借记"在建工程"账户,贷记"原材料"、"应付职工薪酬"等账户;搭建完成交付使用时,借记"固定资产——临时设施(原价)"账户,贷记"在建工程"账户。

现举例说明临时设施搭建的核算办法。

【例 5.7】　假设某建筑企业搭建木工棚一座,领用材料 10 000 元,支付工资 1 000 元;已搭建完成,交付使用。

①搭建时,可作如下会计分录:

借:在建工程——临时设施工程　　　　　　　　　11 000

　　贷:原材料　　　　　　　　　　　　　　　　　10 000

　　　　应付职工薪酬　　　　　　　　　　　　　　1 000

②搭建完成交付使用,结转实际成本,可作如下会计分录:

借:固定资产——临时设施(原价)　　　　　　　　11 000

　　贷:在建工程——临时设施工程　　　　　　　　11 000

5.3.2　临时设施折旧的核算

建筑企业建造的各种临时设施,其使用期与为之服务的工程建设期相同,一般超过一年,因此应将搭建临时设施发生的实际支出,根据其服务年限和服务对象合理确定分摊方法,按期计提折旧额,分配计入到各受益工程的成本中。

临时设施折旧额的计提一般采用直线法,其计算方法可参照固定资产折旧计算方法中的平均年限法办理。建筑企业按期计提的临时设施折旧额,计入工程成本中,借记"工程施工——合同成本"账户,贷记"累计折旧——临时设施(临时设施折旧)"账户。

现举例说明临时设施折旧费计提的核算方法。

【例5.8】　假设某建筑企业根据临时设施的原价、服务年限编制的"临时设施折旧额计提表",如表5.6所示。

表5.6　临时设施折旧额计提表

临时设施名称	原价	月摊销率/%	月摊销额
木工棚	11 000	2.5	275
钢筋棚	25 000	3.0	750
办公室	10 000	2.5	250
临时宿舍	150 000	3.0	4 500
合计			5 775

根据上表,可作如下会计分录:

借:工程施工——合同成本　　　　　　　　　　　　5 775

　　贷:累计折旧——临时设施(临时设施折旧)　　　5 775

5.3.3　临时设施维修、拆除和报废的核算

建筑企业发生的临时设施维修费用,直接记入工程成本中,借记"工程施工——合同成本"账户,贷记"原材料"、"应付职工薪酬"等账户。

拆除、报废不需用或不能继续使用的临时设施,可通过"固定资产清理——临时设施清理"明细账户核算。清理时,将临时设施的账面净值记入"临时设施清理"明细账户的借方,将已提折旧额记入"累计折旧——临时设施(临时设施折旧)"明细账户的借方,同时将临时设施

的账面原价记入"固定资产——临时设施(原价)"明细账户的贷方;发生的变价收入和收回的残料价值,记入"银行存款"、"原材料"等账户的借方,以及"临时设施清理"明细账户的贷方;发生的清理费用,记入"临时设施清理"明细账户的借方,以及"应付职工薪酬"等账户的贷方。清理后的净损益,借记"营业外支出"(或贷记"营业外收入")账户,以及贷记或借记"临时设施清理"明细账户。

现举例说明临时设施维修和报废、拆除的会计核算方法。

【例 5.9】　某建筑企业本期维修临时设施领用材料 1 000 元,分配工资 100 元。可作如下会计分录:

借:工程施工——合同成本　　　　　　　　　　　1 100
　贷:原材料　　　　　　　　　　　　　　1 000
　　　应付职工薪酬　　　　　　　　　　　100

【例 5.10】　某建筑企业将一座不能继续使用的临时木工棚拆除,原价 10 000 元,已提折旧额 9 400 元,拆除时应分配人工费 100 元,残料回收 500 元。可作如下会计分录:

①注销拆除临时设施的原价和已提折旧额时

借:固定资产清理——临时设施清理　　　　　　600
　累计折旧——临时设施(临时设施折旧)　　　9 400
　贷:固定资产——临时设施(原价)　　　　　10 000

②发生临时设施拆除费用时

借:固定资产清理——临时设施清理　　　　　　100
　贷:应付职工薪酬　　　　　　　　　　　100

③登记残料变价收入时

借:原材料　　　　　　　　　　　　　　500
　贷:固定资产清理——临时设施清理　　　　　500

④结转清理净损失时

借:营业外支出　　　　　　　　　　　　200
　贷:固定资产清理——临时设施清理　　　　　200

建筑企业支付的临时设施租赁费,直接记入工程施工账户,则借记"工程施工"账户,贷记"银行存款"等账户。

5.4　待摊和预提费用的核算

5.4.1　待摊费用的核算

1)待摊费用的组成内容

待摊费用是指企业已经支付或已经发生,但应由本期和以后几期工程成本共同负担、按期摊销的各项耗费。包括:

①一次发生数额较大,受益期较长的大型施工机械(如塔吊)的安装、拆卸及辅助设施费;

②一次发生数额较大,受益期较长的施工机械进出场费;

③一次发生数额较大的砂石开采剥土费;

④一次大量领用工具用具的摊销费;

⑤在施工生产经营活动中支付数额较大的契约、合同公证费和鉴证费,科学技术和经营管理咨询费;

⑥一次支付的财产保险费;

⑦一次支付数额较大的劳动力招募费、职工探亲路费和探亲假期间的工资;

⑧预付报刊订阅费;

⑨其他费用。

企业应根据待摊费用的实际情况,以及费用项目的受益期限确定分摊数额,按期计提摊销,不得多摊、少摊或不摊。

2)待摊费用的核算

为了核算待摊费用的发生和摊销情况,在成本会计账户体系中应设置"待摊费用"账户。该账户的借方登记实际发生或支付的各项待摊费用,贷方登记按期分摊的待摊费用,余额表示尚待摊销的待摊费用。该账户应按照待摊费用的种类设置明细账,组织待摊费用的明细分类核算。

现举例说明待摊费用的核算方法。

【例5.11】 某建筑企业本月发生施工机械安装、拆卸及辅助设施费15 000元,其中材料费12 000元、人工费3 000元,分6期进行摊销,每期摊销2 500元。

①费用发生时,可作如下会计分录:

借:待摊费用——施工机械安拆及辅助设施费　　　15 000
　　贷:原材料　　　　　　　　　　　　　　　　　　　　12 000
　　　　应付职工薪酬　　　　　　　　　　　　　　　　　3 000

②计提本期摊销额时,可作如下会计分录:

借:工程施工　　　　　　　　　　　　　　　　　　　2 500
　　贷:待摊费用——施工机械安拆及辅助设施费　　　　2 500

【例5.12】 某建筑企业本月一次领用工具用具60 000元,采用五五摊销法进行摊销,摊销额分两期计入成本。

①领用工具用具时,可作如下会计分录:

借:周转材料——工具用具(在用)　　　　　　　60 000
　　贷:周转材料——工具用具(在库)　　　　　　　　60 000

②计提工具用具摊销时,可作如下会计分录:

借:待摊费用——工具用具摊销费　　　　　　　　30 000
　　贷:周转材料——工具用具(摊销)　　　　　　　　30 000

③分摊计入成本时,可作如下会计分录:

借:工程施工　　　　　　　　　　　　　　　　　　15 000
　　贷:待摊费用——工具用具摊销费　　　　　　　　15 000

5.4.2   预提费用的核算

1)预提费用的组成内容

预提费用是指预先计入工程成本或费用,而在以后某期再行支付或发生的费用。包括:

(1)预提收尾工程费用

预提收尾工程费用指工程已经完成,具备了使用和投产条件,但由于特殊情况,如材料和设备在短期内不能解决等客观原因,影响收尾工程的进行,而预提计入工程成本的收尾工程费用。

为了严格掌握并组织预提收尾工程费用的核算,预提时必须同时具备以下 4 个条件:

①经业主同意并已办理竣工结算;

②由企业提出收尾工程清单,列明项目名称,并附费用计算依据;

③预提的数额不得超过收尾工程的预算成本;

④经主管部门审查和财政部门批准。

(2)预提固定资产修理费用

预提固定资产修理费用主要指预提固定资产的大修理费用。固定资产计划内的大修理费用,由于修理间隔时间长,一次支付的数额大,因此可采取预提的方式,按期计提、平均负担该项费用。

2)预提费用的核算

为了核算预提费用的预提和实际支付情况,应设置"预提费用"账户。该账户的贷方登记预提的各项预提费用,借方登记支付的实际发生的预提费用,贷方余额表示预提而尚未支付的各项预提费用。该账户应按预提费用的种类设置明细账,组织明细分类核算。

现举例说明预提费用的核算方法。

【例 5.13】   假设某建筑企业承建的某办公楼工程已基本完工,具备了投入使用的条件,但暖气设备未到,影响收尾工程的进行。经业主同意、有关部门批准,按 60 000 元预提收尾工程费用;2 个月后,设备到货进行安装,发生人工费 20 000 元、材料费 30 000 元,以银行存款支付其他费用 10 000 元。可作如下会计分录:

①预提收尾工程费用时

借:工程施工   60 000

　　贷:预提费用——预提收尾工程费   60 000

②实际发生费用时

借:预提费用——预提收尾工程费用   60 000

　　贷:应付职工薪酬   20 000

　　　　原材料   30 000

　　　　银行存款   10 000

【例 5.14】   假设某建筑企业从 1 月份开始每月预提固定资产大修理费用 10 000 元;7 月份发生修理费用 72 000 元,其中材料费 41 000 元、人工费 15 000 元,以银行存款支付其他费用 16 000 元。可作如下会计分录:

①每月预提固定资产大修理费用时

借:机械作业   10 000

 贷:预提费用——预提固定资产修理费用   10 000

②7月份实际发生大修理费用时

借:在建工程——固定资产修理   72 000

 贷:原材料   41 000

  应付职工薪酬   15 000

  银行存款   16 000

修理完毕,结转修理费用时

借:预提费用——预提固定资产修理费   60 000

  机械作业   12 000

 贷:在建工程——固定资产修理   72 000

本章小结

  折旧费用、周转材料摊销费用、临时设施折旧费用、待摊与预提费用,都是工程施工过程中的耗费,因此也是工程成本的组成内容。

  折旧费用是固定资产在使用过程中发生的价值损耗转移到工程成本或费用中的那部分价值。正确计算折旧费用是正确计算成本和费用的前提。影响折旧费用大小的有固定资产原始价值、固定资产预计净残值和折旧年限三个因素。固定资产折旧可以采用平均年限法、工作量法、双倍余额递减法和年数总和法等进行计算。固定资产折旧的计提应编制"固定资产折旧额计算分配表",根据该表确定的受益对象,将计提的折旧额记入"机械作业"、"工程施工——辅助生产"、"工程施工——间接费用"等账户的借方,同时贷记"累计折旧"账户。

  周转材料在工程施工过程中可以多次反复使用,因此其价值采用摊销的方法转移到工程成本中。周转材料可采用一次、分期、五五、分次和定额摊销法计提摊销额。计提的周转材料摊销额,记入"工程施工"账户的借方,同时记入"周转材料——周转材料摊销"账户的贷方。

  临时设施在工程施工过程中可长期使用,因此其价值通过"固定资产"账户核算,其损耗价值则通过计提折旧额的方法,计入工程施工成本。

  待摊费用是指企业已经支付或发生,但应由本期及以后几期成本共同负担、需要分期摊销的耗费。待摊费用发生后,应先通过"待摊费用"账户核算;期末按规定的摊销期限进行摊销时,计入到成本或费用中。

  预提费用是指预先计入工程成本或费用,而在以后某期再行支付或发生的费用。费用预提时,借记"工程施工"等账户,贷记"预提费用"账户;实际发生或支付预提费用时,借记"预提费用"账户,贷记"原材料"等账户。

复习思考题

5.1　什么叫固定资产折旧和折旧费用？正确计提固定资产折旧费用有什么重要意义？

5.2　影响折旧费用的因素有哪几个？

5.3　折旧有哪几种计算方法？试述各种方法是如何计算折旧的。

5.4　折旧费是如何进行归集和分配的？如何组织折旧费的核算？

5.5　周转材料有哪几种摊销方法？试说明其具体内容。

5.6　临时设施的折旧额是如何计提的？如何组织临时设施费的核算？

5.7　什么叫待摊费用和预提费用？如何组织待摊和预提费用的核算？

5.8　练习固定资产折旧的计算方法。

（1）资料：某建筑企业某项机械设备的原值为 150 000 元，预计净残值率为 4%，折旧年限为 5 年。

（2）要求：根据上述资料分别用平均年限法、双倍余额递减法和年数总和法计算年折旧额。

5.9　练习固定资产折旧计提与分配的核算。

（1）资料：某建筑企业 20××年 9 月各类固定资产明细账户的期初余额和月折旧率资料如下表所示。

固定资产类别	期初余额	月折旧率/%	使用单位
生产用固定资产	4 250 000		
房屋及建筑物	720 000	0.20	辅助生产
施工机械	2 500 000	0.40	机械作业
运输设备	500 000	0.80	运输组
生产设备	420 000	0.50	辅助生产
其他	110 000	0.80	施工管理
非生产用固定资产	1 275 000	0.16	施工管理
未使用的固定资产	72 000		
不需用的固定资产	65 000		

（2）要求：

①编制固定资产折旧计提分配表；

②编制折旧计提和分配的会计分录。

5.10　练习工具与用具摊销的核算。

（1）资料：某建筑企业 20××年 9 月工具与用具摊销核算的有关资料。

①12 日工程施工领用一次摊销的生产工具 3 000 元，劳保用品 2 000 元；

②13 日辅助生产部门领用一次摊销的工具 500 元；

③21 日工程施工领用五五摊销的生产工具 9 000 元,劳保用品 3 000 元;

④23 日机械作业部门领用五五摊销的工具 800 元;

⑤30 日建筑企业报废五五摊销的生产工具 2 000 元、残料回收作价 100 元,劳保用品 1 000元、残料回收作价 50 元。

(2)要求:根据上述资料,编制会计分录。

5.11 练习模板与架料摊销的核算。

(1)资料:某建筑企业 20××年 9 月模板与架料摊销核算的资料。

①从新品库领用新木脚手杆 50 m³,计划单价 850 元/m³,计 42 500 元;新跳板 30 m³,计划单价 1 200 元/m³,计 36 000 元;新模板 40 m³,计划单价 1 100 元/m³,计 44 000 元;投入工程使用。

②本月模板与架料使用情况如下表所示。

使用对象	木脚手杆/m³	跳板/m³	模板/m³	支撑方木/m³
101#合同项目	80	30	180	150
104#合同项目	20	10	40	30

上述支撑方木的计划单价为 1 000 元,其余同上。架料预计可使用 24 个月,预计残值率为 4%;模板预计周转 10 次,残值率为 4%,101#合同项目本月使用 2 次,104#合同项目本月使用 1 次。

(2)要求:

①根据资料②计算模板与架料摊销额;

②编制会计分录。

5.12 练习临时设施费的核算。

(1)资料:某建筑企业 20××年 9 月临时设施费开支的经济业务。

①本月搭建完成临时设施的项目和发生的开支如下表所示。

项目	人工费	材料费	机械费	合计
钢筋棚	2 500	26 000	5 000	33 500
木工棚	3 000	39 000	6 500	48 500
宿 舍	1 500	15 000	3 200	19 700
仓 库	5 000	25 300	1 000	31 300

上述临时设施预计使用 20 个月,计提本月折旧额。

②临时设施维修领用材料 4 300 元,分配工资 500 元,分配机械使用费 600 元。

③临时供水管道拆除,原价 15 000 元,已提折旧额 12 000 元,拆除时分配工资 650 元。

④以银行存款支付施工现场建设单位提供的房屋和设施租赁费 6 000 元。

⑤计提在用临时设施折旧额 12 310 元。

(2)要求:根据上述经济业务编制会计分录。

5.13　练习待摊和预提费用的核算。

(1)资料:某建筑企业 20××年 9 月待摊和预提费用核算的资料。

①30 日摊销财产保险费 1 000 元;

②30 日摊销工具用具使用费 2 000 元;

③30 日摊销报刊预订费 500 元;

④30 日摊销施工机械进出场费 2 000 元;

⑤30 日预提 B 收尾工程费用 10 000 元;

⑥30 日 A 收尾工程发生下列费用:领用材料 3 500 元,分配工资 1 000 元,同时工程完工。

(2)要求:根据上述经济业务编制会计分录。

第6章 辅助生产成本和机械作业成本的核算

辅助生产成本的核算,是指对建筑企业辅助生产部门在材料生产或劳务提供过程中发生的各项耗费进行的归集和分配。机械作业成本的核算,是指对建筑企业使用自有施工机械进行机械施工发生的各项耗费进行的归集和分配。由于辅助生产主要是为工程施工等提供材料和劳务,机械作业主要是为工程施工提供机械化施工等,所以做好辅助生产成本与机械作业成本的核算,不仅有利于正确计算材料、劳务和机械作业成本,同时也是工程成本计算的基础。因此,建筑企业必须认真做好辅助生产成本和机械作业成本核算,完成以下几项基本任务:根据辅助生产和机械作业的特点,合理确定成本核算对象,正确归集生产费用;按照一定的程序和标准,采用科学的方法分配辅助生产成本和机械作业成本于受益对象;对辅助生产成本和机械作业成本实施有效的控制,促进生产费用的降低,从而达到降低工程成本的目的。

6.1 辅助生产成本的归集

6.1.1 辅助生产及其特点

辅助生产是指为企业内部工程施工、产品生产、机械作业等服务而进行的材料生产和劳务供应。

在建筑企业内部,或多或少有一些为工程施工、机械作业服务的辅助生产车间、单位或部门,如机修车间、木工车间、供水站等。辅助生产部门一般为工程施工、机械作业等生产材料和提供劳务。如机械设备维修,构件的现场制作,铁木件加工,固定资产清理,供应水、电、气,施工机械的安装、拆卸和辅助设施的搭建等。

辅助生产根据其提供的材料、劳务的品种不同,可分为以下几种类型:

①单品种辅助生产,即只提供一种材料或劳务的辅助生产,如供水、供电、供气等;

②多品种辅助生产,即提供多种材料或劳务的辅助生产,如机械设备维修、铁木件加工等。

辅助生产的类型不同,其成本的归集和分配方法也不相同,因此区分辅助生产的不同类型是正确组织辅助生产成本核算的前提。

　　辅助生产部门生产的材料和劳务,虽然有时也对外销售一部分,但其根本任务是服务于本企业的工程施工、机械作业及施工管理工作。这一特点决定了辅助生产部门发生的成本,必须单独进行归集和核算,并将其分配计入受益对象,从而成为工程成本的组成部分。因此,正确核算辅助生产成本,不仅对工程成本有着一定的影响,而且也只有在及时核算辅助生产成本之后,才能进行工程成本的计算,所以辅助生产成本核算也是工程成本核算的重要组成部分。

6.1.2　辅助生产成本的归集

1)辅助生产成本归集账户的设置

　　辅助生产成本是指辅助生产部门在材料生产和劳务提供过程中所发生的各项耗费。辅助生产成本一般包括:本部门直接发生的材料、工资和其他生产费用;耗用其他辅助生产部门提供的劳务应负担的费用。

　　为了核算辅助生产部门发生的成本,在成本会计账户体系中应设置“工程施工——辅助生产”明细账户。辅助生产部门发生的各项耗费,根据材料、工资等分配表和有关凭证,记入该账户的借方;月终结转完工材料和劳务的实际成本,记入该账户的贷方;月末借方余额反映辅助生产部门在产品的实际成本。

　　辅助生产部门发生的各项开支,应按成本核算对象和成本项目进行归集。成本核算对象可按生产的材料和提供劳务的类别确定。成本项目可划分为以下几项:

　　①材料费。材料费指辅助生产部门在材料生产和劳务提供过程中所耗用的各种材料的实际成本。

　　②人工费。人工费指支付给辅助生产部门生产工人的工资及职工福利费。

　　③其他直接费。其他直接费指除上述项目以外的其他直接生产费用,如折旧费、水电费等。

　　④间接成本。间接成本指为组织和管理辅助生产所发生的各项开支。

2)辅助生产成本归集的方法

　　辅助生产的类型不同,其成本归集的方法也不一样。

　　对于只生产一种材料或劳务的辅助生产部门,如供水、供电、供气等部门,其所发生的一切成本都是直接成本,一般于发生时直接记入按材料或劳务品种设置的辅助生产明细账。当月归集的生产费用总额即为该期材料或劳务的总成本,除以产量即可求得单位成本。

　　对于生产多种材料或提供多种劳务的辅助生产部门,如现场构件制作、铁木件加工、设备维修等部门、单位,其所发生的成本往往需由两种或两种以上的材料或劳务负担,因此应将共同性费用在受益对象之间进行合理分配。同时,这类辅助生产部门有的还有期初、期末在产品,这就需要将归集的辅助生产成本在完工产品和在产品之间进行分配,从而计算出完工产品的总成本和单位成本。

　　辅助生产部门发生的间接成本,应先按辅助生产部门设立“工程施工——辅助生产(间接成本)”明细账进行归集,月终时再按一定标准分配计入有关材料或劳务成本中。

　　辅助生产成本的归集通过设置和登记“辅助生产明细账”进行,其格式举例如表6.1所示。

表 6.1 辅助生产明细账

部门:供电车间　　　　　　　　　成本核算对象:电

年		凭证字号	摘要	人工费	材料费	其他直接费	间接成本	合计	分配转出	余额
月	日									
12	31		本月合计	1 000	600	4 000		5 600	5 600	

6.2 辅助生产成本的分配

6.2.1 辅助生产成本分配的原则

辅助生产成本的分配,是指将各辅助生产明细账中所归集的成本,采用一定的方法计算出材料或劳务的总成本和单位成本,并按各受益对象耗用的数量计入到施工生产成本中。为了保证施工生产成本的真实性,在进行辅助生产成本分配时,应遵循以下几项原则:

1)谁受益谁负担的原则

凡接受辅助生产部门提供的材料、劳务的部门、单位,均应负担辅助生产成本。其中能确认受益对象的,直接计入各受益对象的成本中;不能直接确认受益对象的,应按受益比重在各受益对象之间进行分配。

2)分配方法力求合理、简便的原则

辅助生产成本分配所采用的方法,既不能为求分配简便而采用过于简化的方法,从而影响成本计算的准确性;也不能为求分配精确而将分配方法搞得太复杂,从而增加成本核算的工作量。

6.2.2 辅助生产成本的分配方法

由于辅助生产部门生产的材料和提供的劳务种类不同,其分配方法也不一样。生产材料、结构件的辅助生产部门发生的成本,一般于生产完成验收入库时转入“原材料”等账户,因此不需进行分配。至于提供水、电、气或机械修理等劳务的辅助生产部门发生的成本,则应根据其单位成本和受益对象所耗用的数量,在各受益对象之间进行分配。

提供劳务的辅助生产部门,不仅有对工程施工和施工管理供应劳务的问题,也有辅助生产部门相互提供劳务的问题,如供电车间提供给供水车间电力,而供水车间又提供给供电车间水力。那么,为了计算供电成本,就要确定供水成本;而要计算供水成本,又要确定供电成本。这就存在一个辅助生产部门相互分配的问题。为了解决这个问题,在实际工作中通常采用以下

几种分配方法。

1) 直接分配法

直接分配法,是指把各辅助生产部门发生的成本直接分配给辅助生产部门以外的受益对象,而各辅助生产部门相互提供的劳务则不分配。成本分配的计算公式为:

$$某项劳务的分配率 = \frac{该辅助生产部门直接发生的成本总额}{不包括为其他辅助生产部门提供的劳务总量}$$

$$某受益对象的分配额 = 该受益对象耗用的劳务数量 × 分配率$$

现举例说明。

假设某建筑企业的施工单位设有供水、供电两个辅助生产车间,本月各车间直接发生的成本为:供水车间 3 200 元、供电车间 1 750 元。根据劳务供应统计表,各受益对象耗用的劳务数量如表6.2 所示。

表 6.2 劳务供应量统计表

受益对象	用电量/(kW·h)	用水量/t
供电车间		2 000
供水车间	1 000	
工程施工	3 000	11 000
机械作业	5 000	
施工管理	500	2 000
合计	9 500	15 000

根据上述资料编制的"辅助生产成本分配表"如表6.3 所示。

表 6.3 辅助生产成本分配表

(直接分配法)

20××年 12 月

辅助生产部门	供电车间		供水车间		
直接发生成本	5 270		66 300		合计金额
分配数量	8 500		13 000		
分配率	0.62		5.10		
分配对象	数量	金额	数量	金额	
工程施工	3 000	1 860	11 000	56 100	57 960
机械作业	5 000	3 100			3 100
间接费用	500	310	2 000	10 200	10 510
合计	8 500	5 270	13 000	66 300	71 570

根据上述分配表,可作如下会计分录:

借:工程施工——合同成本	57 960
机械作业	3 100
工程施工——间接费用	10 510

贷：工程施工——辅助生产——供电车间　　　　　　5 270

　　　　　　　　　　　　　——供水车间　　　　　　66 300

　　这种分配方法的优点是计算手续简便，但准确程度较差，因此适用于各辅助生产部门相互提供劳务较少的情况。

2）一次交互分配法

　　采用这种方法是将辅助生产成本分两步进行分配：第一步只在各辅助生产部门之间进行交互分配成本；第二步将各辅助生产部门分配前成本，加上分配进来费用，减去分配出去费用，再在辅助生产部门以外的受益对象之间进行分配。其分配的计算公式为：

- 第一步交互分配的计算公式

$$\text{某项劳务的分配率} = \frac{\text{该辅助生产部门直接发生的成本总额}}{\text{该辅助生产部门提供的劳务总量}}$$

$$\text{某辅助生产部门分配额} = \frac{\text{该辅助生产部门耗用某辅助}}{\text{生产部门提供的劳务数量}} \times \text{分配率}$$

- 第二步对外分配的计算公式

$$\text{某项劳务的分配率} = \frac{\text{该部门直接发生的成本} + \text{分配转入费用} - \text{分配转出费用}}{\text{该部门为辅助生产部门以外提供的劳务数量}}$$

$$\text{某受益对象分配额} = \frac{\text{该受益对象耗用某辅助}}{\text{生产部门提供的劳务数量}} \times \text{分配率}$$

　　仍以前述资料为例编制"辅助生产成本分配表"，如表6.4所示。

表6.4　辅助生产成本分配表

（一次交互分配法）　　　　　　　　　　　　　20××年12月

项目	交互分配				对外分配				
	供电车间		供水车间		供电车间		供水车间		合计
分配金额	5 270		66 300		13 555		58 015		71 570
分配数量	9 500		15 000		8 500		13 000		
分配率	0.555		4.42		1.595		4.463		
分配对象	数量	金额	数量	金额	数量	金额	数量	金额	金额
供水车间	1 000	555							
供电车间			2 000	8 840					
工程施工					3 000	4 785	11 000	49 093	53 878
机械作业					5 000	7 975			7 975
间接费用					500	795	2 000	8 922	9 717
合计		555		8 840		13 555		58 015	71 570

　　根据上述分配表，可作如下会计分录：

①交互分配时

借：工程施工——辅助生产——供电车间　　　　　　8 840

　　　　　　　　　　　　——供水车间　　　　　　　555

　　贷：工程施工——辅助生产——供电车间　　　　　　555

　　　　　　　　　　　　　——供水车间　　　　　　8 840

② 对外分配时

借：工程施工——合同成本　　　　　　　　　　　53 878

　　机械作业　　　　　　　　　　　　　　　　　7 975

　　工程施工——间接费用　　　　　　　　　　　9 717

　　贷：工程施工——辅助生产——供电车间　　　　　　13 555

　　　　　　　　　　　　　　——供水车间　　　　　　58 015

在实际工作中，可以不编制交互分配的会计分录，而只需将其分配金额在有关辅助生产明细账中进行登记即可。

3）计划成本分配法

这种方法是按劳务的计划单价和实际耗用劳务的数量分配辅助生产成本。实际发生的成本和按计划成本分配的金额之间的差异则按其已分配额进行调整。在各辅助生产部门劳务单位成本比较稳定的情况下，采用这种分配方法比较适宜。

仍以前述资料为例编制"辅助生产成本分配表"，如表6.5所示。

表6.5　辅助生产成本分配表

（计划成本分配法）　　　　　　　　　　　　20××年12月

项目	按计划成本分配				差异调整分配				合计
	供电车间		供水车间		供电车间		供水车间		
分配金额	14 250		67 500		20		300		82 070
分配数量	9 500		15 000		8 500		11 000		
分配率	1.50		4.50		0.002		0.027		
分配对象	数量	金额	数量	金额	数量	金额	数量	金额	金额
供电车间			2 000	9 000					9 000
供水车间	1 000	1 500							1 500
工程施工	3 000	4 500	11 000	49 500	3 000	6	11 000	297	54 303
机械作业	5 000	7 500			5 500	11			7 511
间接费用	500	750	2 000	9 000	500	3	2 000	3	9 756
合计	9 500	14 250	15 000	67 500	8 500	20		300	82 070

注：供水车间分配差异调整额=66 300元+1 500元-67 500元=300元

　　供电车间分配差异调整额=5 270元+9 000元-14 250元=20元

根据上述分配表，可作如下会计分录：

① 按计划成本分配时

借：工程施工——辅助生产——供电车间　　　　　9 000

　　　　　　　　　　　　　——供水车间　　　　　1 500

　　工程施工——合同成本　　　　　　　　　　　54 000

　　机械作业　　　　　　　　　　　　　　　　　7 500

　　工程施工——间接费用　　　　　　　　　　　9 750

　　贷：工程施工——辅助生产——供电车间　　　　　　14 250

　　　　　　　　　　　　　　——供水车间　　　　　　67 500

②差异调整分配时

借:工程施工——合同成本　　　　　　　　　　303

　　机械作业　　　　　　　　　　　　　　　　11

　　工程施工——间接费用　　　　　　　　　　6

　　贷:工程施工——辅助生产——供电车间　　　　　20

　　　　　　　　　　　　——供水车间　　　　　300

6.3　机械作业成本的归集

6.3.1　机械作业及其特点

施工机械是建筑安装工程施工的重要劳动手段,也是企业固定资产的主要组成部分。进行建筑安装工程施工,从"五通一平"到基础的开挖与回填、构件预制及现场浇灌、水平与垂直运输、设备及构件的吊装就位等,都需要借助施工机械去完成。随着国民经济的发展,建筑工业化和施工机械化水平的不断提高,建筑企业将装备更多、更先进的施工机械。因此,这就要求必须加强施工机械的管理和核算,节约机械作业成本,从而促进工程成本的降低。

建筑企业使用自有施工机械和运输设备,进行机械化施工和运输作业,以及机械出租业务,称为机械作业。建筑企业除了少量对外机械出租业务外,其根本任务还是为本单位的工程施工服务。机械作业的这一特点决定其作业成本必须单独进行归集和核算,并将其分配计入各受益对象,成为工程成本的组成部分。因此,机械作业成本核算,不仅对工程成本有着直接影响,而且也只有在计算出机械作业成本之后,才能进行工程成本核算。

6.3.2　机械作业成本的归集

机械作业成本的归集方法取决于机械化施工的组织形式。目前,机械化施工的组织形式主要有以下几种:

①在一个主管部门下设立实行独立经济核算的机械化施工和运输作业的专业企业;

②在建筑企业内部设立实行内部独立核算的机械供应站和运输队;

③建筑企业内实行内部独立核算的施工单位使用自有机械设备进行机械化施工和运输作业。

本节主要介绍第三种组织形式下机械作业成本的核算方法,至于第二种组织形式下机械作业成本的核算方法可参照办理。

建筑企业使用自有的施工机械和运输设备进行机械作业所发生的各项成本,通过"机械作业"账户归集。该账户借方登记使用自有机械设备进行机械作业所发生的各项成本,贷方登记按受益对象分配结转的机械作业成本,月终时无余额。

在机械作业账户下应设置"承包工程"和"机械出租"明细账户,详细反映为承包工程和机械出租业务进行机械化施工和运输作业所发生的各项开支。在明细账户下,还应再按成本核算对象和规定的成本项目设置明细账,进行明细分类核算。

成本核算对象应以施工机械和运输设备的种类确定。一般是大型机械或运输设备按单机或机组分类,小型机械或运输设备按类别分类。

成本项目一般分为以下几项:

①人工费。人工费指支付给机械设备操作人员和其他操作人员的工资。

②燃料及动力费。燃料及动力费指施工机械和运输设备在运转过程中所消耗的各种燃料及支付的水、电等费用。

③折旧及修理费。折旧及修理费指按规定标准计提的机械设备折旧费用,以及实际发生的维护和检修费用。其中,折旧费是指施工机械在规定的耐用总台班内,陆续收回其原值的费用;检修费是指施工机械在规定的耐用总台班内,按规定的检修间隔进行必要的检修,以恢复其正常功能所需的费用,包括经常性修理和大修理费用;维护费是指施工机械在规定的耐用总台班内,按规定的维护间隔进行各级维护和临时故障排除所需的费用,以及保障机械正常运转所需替换设备与随机配备工具附具的摊销费用、机械运转及日常维护所需润滑与擦拭材料费用和机械停滞期间的维护费用等。

④其他直接费。其他直接费指除上述各项费用以外的其他各项直接费用支出,包括中小型机械安拆费、场外运输费,以及按规定应缴纳的车船费、保险费及检测费等。

⑤间接费用。间接费用指为组织和管理机械作业生产所发生的各项共同性开支。

现举例说明机械作业成本归集的核算方法。

假设某建筑企业承包工程用机械设备如下:混凝土搅拌机及卷扬机各 10 台,按类别核算;其他机械归为一类核算。出租机械如下:履带式起重机与轮胎式起重机各 1 台,按单机核算;焊接机械归为一类核算。本月发生的机械作业成本明细如表 6.6 所示。

表 6.6　机械作业成本明细表

费用项目＼核算对象	承包工程			出租机械			合计
	混凝土搅拌机	卷扬机	其他机械	履带吊车	轮胎吊	焊接机械	
燃料			4 200	2 500	5 200		11 900
润滑及擦拭材料	8 000	700	120	170	60	100	9 150
工资及福利费	33 000	25 000	12 800	5 200	5 200	4 300	85 500
折旧费	7 000	900	6 000	2 400	4 000	500	20 800
摊销大修费	1 500	400	2 500	150	800	200	5 550
更换工具摊销费	2 000	500			500		3 000
动力电费	15 000	4 700	1 000			800	21 500
分配机修费用		100	100	300	750		1 250
分配间接费用	2 000	100	150	400	400	600	3 650
合　计	68 500	32 400	26 870	11 120	16 910	6 500	162 300

根据表6.6,可登记机械作业明细账,现以混凝土搅拌机为例,登记的"机械作业明细账"如表6.7所示。

表6.7　机械作业明细账

明细账户:承包工程　　　　　　　　　　　　　　　　成本核算对象:混凝土搅拌机

年		凭证	摘要	人工费	燃料及动力费	折旧及修理费	其他直接费	间接费用	合计	分配转出
月	日									
12	31		材料分配			8 000			8 000	
	31		工资分配	33 000					33 000	
	31		计提折旧			7 000			7 000	
	31		摊销大修费			1 500			1 500	
	31		更换工具摊销			2 000			2 000	
	31		电费		15 000				15 000	
	31		间接费用					2 000	2 000	
	31		分配							68 500
	31		本月合计	33 000	15 000	18 500		2 000	68 500	68 500

6.4　机械作业成本的分配

6.4.1　机械作业成本分配的依据

为了考核施工机械的使用情况,以及便于将机械作业成本计入受益对象,建筑企业应建立和健全施工机械使用情况的有关原始记录。施工机械使用情况的原始记录,主要有"机械运转记录"和"机械使用月报"。"机械运转记录"由机械操作人员逐日填写;"机械使用月报"由机械管理部门于月终时根据机械运转记录汇总编制。"机械运转记录"和"机械使用月报"的格式分别如表6.8、表6.9所示。

表6.8　机械运转记录

机械编号:　　　　　　　　　　配属单位:　　　　　　　　　　时间:12月7日

机械名称:混凝土搅拌机　　　　建筑企业:一项目组　　　　　　单价:

规格型号:400L　　　　　　　　工程名称:101#合同项目　　　　金额:

施工项目及内容	计量单位	完成数量		工作时间		停工时间				备注
		计划	实际	作业时数	有效时数	原因	开始	结束	时数	
基础混凝土	m³	20	12	8	4	待料	14:00	18:00	4	

班组长:　　　　　　　　　　　　　　　　　　　　　　　　司机:

表 6.9 机械使用月报

20××年 12 月

机械名称	台数	合计		施工对象						停工台班			
		台班	产量	101#合同项目		201#合同项目		403#合同项目		气候影响	修理	待料	合计
				台班	产量	台班	产量	台班	产量				
混凝土搅拌机	10	200	2 300	25	300	40	450	17	200	20	10	25	55
卷扬机	10	180		18		50		20		30	20	17	67

6.4.2 承包工程机械作业成本的分配

承包工程机械作业成本的分配,可根据具体情况分别采用下列方法:

1) 机械台班分配法

机械台班分配法,是指按照各受益对象使用的机械台班数和台班实际成本分配机械作业成本的一种方法。这种方法适用于按单机或机组分别核算的施工机械及运输设备作业成本的分配。其计算公式为:

$$\frac{机械台班}{实际成本} = \frac{该种机械实际发生的作业成本}{该种机械实际完成的工作台班}$$

$$某受益对象分配额 = 该受益对象实际使用机械台班数 \times 机械台班实际成本$$

举例:设某建筑企业的施工单位其混凝土搅拌机本月实际发生的作业成本为 68 500 元,实际工作 200 台班,其中 101#合同项目使用 25 台班。则可作如下分配:

混凝土搅拌机实际台班成本 = 68 500 元/200 台班 = 342.50 元/台班

101# 合同项目应分配的机械作业成本 = 25 台班 × 342.50 元/台班 = 8 562.50 元

2) 完成产量分配法

这种方法的分配原理与上述机械台班分配法相同,仅在分配时将台班数量换为完成产量即可。这种方法适用于能确定完成产量的各种机械设备的作业成本分配。其计算公式为:

$$\frac{单位产量作业成本分配率}{} = \frac{该种机械实际发生的作业成本}{该种机械实际完成的产量}$$

$$某受益对象分配额 = 该受益对象使用该种机械完成的产量 \times 单位产量作业成本分配率$$

仍以上例资料为例,假设混凝土搅拌机实际完成混凝土工程量为 2 300 m³,其中 101#合同项目完成的混凝土工程量为 300 m³。则可作如下分配:

单位混凝土搅拌量作业成本分配率 = 68 500 元/2 300 m³ = 29.79 元/m³

101# 合同项目机械作业成本分配额 = 300 m³ × 29.79 元/m³ = 8 937 元

3) 计划成本分配法

这种方法是按各种机械设备的台班计划成本和各受益对象实际使用的台班数量来分配机械作业成本。实际发生的机械作业成本和按计划成本分配的金额之间的差额,再按照各受益对象已分配金额的比例进行调整。其计算公式为：

$$\text{某受益对象机械作业成本分配额} = \text{该受益对象使用某种机械的台班数量} \times \text{该机械台班计划成本}$$

$$\text{某受益对象机械作业成本调整额} = \text{该受益对象已分配的机械作业成本} \times \frac{\text{机械作业成本分配差额}}{\text{按计划成本分配的金额之和}}$$

4) 机械使用费预算成本分配法

这种方法是以各工程机械使用费预算成本的比例进行机械作业成本的分配。这种方法一般适用于小型机械设备作业成本的分配。其计算公式为：

$$\text{某类机械作业成本分配率} = \frac{\text{该类机械实际发生作业成本}}{\text{各工程机械使用费预算成本之和}}$$

$$\text{某受益对象分配额} = \text{该工程机械使用费预算成本} \times \text{某类机械作业成本分配率}$$

建筑企业对使用自有施工机械设备发生的机械作业成本的分配，应通过编制"自有机械作业成本分配表"进行，其格式将在后面介绍。

根据自有机械作业成本分配表，可作机械作业成本分配的会计分录：

借：工程施工
  贷：机械作业——承包工程（某核算对象）

建筑企业出租机械设备，应按规定的结算价格和结算办法，向租用机械设备的单位收取租赁费，用于补偿出租机械设备所发生的机械作业成本。因此，其出租机械的成本不得分配计入工程成本中，而应直接列入当期的支出。会计分录为：

借：其他业务支出
  贷：机械作业——机械出租（某核算对象）

本章小结

建筑企业的辅助生产主要为工程施工等提供材料和劳务，机械作业主要为工程施工等提供机械化施工和运输作业。在辅助生产部门提供材料和劳务过程中发生的各项耗费，称为辅助生产成本；在机械作业过程中发生的各项耗费，称为机械作业成本。辅助生产成本和机械作业成本一般采用先归集后分配的核算办法。

辅助生产成本通过"工程施工——辅助生产"明细账户进行归集。按成本核算对象和成本项目设置辅助生产明细账，归集各辅助生产部门实际发生的成本。期末时，应将提供劳务的辅助生产成本分配计入各受益对象。分配方法有直接分配法、一次交互分配法、计划成本分配法等。

机械作业成本通过"机械作业"账户进行归集。按成本核算对象和成本项目设置机械作业明细账，归集各项机械作业实际发生的成本。期末时，应将承包工程发生的机械作业成本分配计入各受益对象。分配方法有机械台班分配法、完成产量分配法、计划成本分配法、机械使用费预算成本分配法等。

辅助生产成本和机械作业成本分配后，应分别计入"工程施工——合同成本"和"工程施工——间接费用"账户。

复习思考题

6.1 什么叫辅助生产成本？什么叫机械作业成本？辅助生产成本和机械作业成本核算的任务有哪些？

6.2 如何归集辅助生产成本？

6.3 辅助生产成本的分配有哪几种方法？如何进行分配？

6.4 如何归集机械作业成本？

6.5 机械作业成本的分配方法有哪几种？如何进行分配？

6.6 练习辅助生产成本的分配方法

（1）资料:某建筑企业20××年9月辅助生产成本分配资料。

①"辅助生产"明细账户归集的辅助生产成本为:供水车间90 000元,供电车间12 000元。

②本月劳务供应与耗用量如下表所示。

受益部门	供水/t	供电/(kW·h)
供水车间		5 000
供电车间	4 000	
工程施工	10 000	
机械作业	2 000	20 000
施工管理	4 000	5 000

③劳务计划单位成本为:水4.50元,电0.90元。

（2）要求:采用直接分配法、一次交互分配法、计划成本分配法分配辅助生产成本(编制"辅助生产成本分配表"和会计分录)。

6.7 练习承包工程机械作业成本的分配方法。

（1）资料:某建筑企业20××年9月机械作业成本分配资料。

①"机械作业"明细账归集的成本为:混凝土搅拌机30 000元,挖土机63 000元,推土机36 000元。

②本月各类机械使用情况如下表所示。

机械类别 \ 受益对象	台数	101#合同项目		201#合同项目		403#合同项目	
		台班	产量/m³	台班	产量/m³	台班	产量/m³
混凝土搅拌机	5	40	400	30	300	30	300
挖土机	2	20	8 000	30	12 000		
推土机	2	20	4 000	27	5 400		

③台班计划单价为:混凝土搅拌机310元,挖土机1 260元,推土机1 100元。

（2）要求:采用机械台班分配法、完成产量分配法和计划成本分配法分配机械作业成本(编制"机械作业成本分配表"和会计分录)。

第7章 间接成本的核算

间接成本又称间接费用,是指为了工程施工和组织管理而发生的各项共同性耗费,即建筑企业的施工单位(如项目部、分公司等)在组织和管理施工生产过程中发生的、不能直接归属到某项工程的各项开支。根据现行财务制度的规定,间接成本应计入工程成本中,作为工程成本的组成内容之一。

由于间接成本是一项共同性耗费,因此发生后不能直接计入某项工程成本中,必须先行归集,然后采用一定的方法分配计入受益的工程成本中。因此,间接成本核算的任务是正确归集与合理分配间接成本,从而保证工程成本计算的准确性。

7.1 间接成本的组成与分类

7.1.1 间接成本的组成

间接成本是指建筑企业的施工单位为施工准备、组织和管理工程施工所发生的各项资金耗费。内容包括:

①管理人员工资:是指按规定支付给管理人员的计时工资、奖金、津补贴、加班加点工资,以及特殊情况下支付的工资等。

②固定资产使用费:是指管理和试验部门等用的属于固定资产的房屋、建筑物、设备、仪器等计提的折旧费,以及实际发生的修理费用、租赁费等。

③职工教育经费:是指企业按职工工资总额一定比例计提的,用于职工专业技术和职业技能培训、专业技术人员继续教育、职工职业技能鉴定、职业资格认定,以及根据需要对职工进行各类文化教育所发生的费用。

④工具用具使用费:是指企业施工生产和管理使用的各种工具、器具、家具、交通工具和检验、试验、消防、测绘用具等的购置、维修和摊销费。

⑤办公费:是指企业的施工单位现场行政管理办公用的水电、文具、纸张、账表、印刷、邮电、书报、办公软件、会议、烧水和集体取暖降温(包括现场临时宿舍取暖降温)等费用。

⑥财务费：是指企业为施工生产等筹集资金或提供预付款担保、履约担保、职工工资支付担保而发生的各种费用。

⑦差旅交通费：是指职工因公出差的差旅费、住勤补助费、市内交通费和误餐补助费，上下班交通补贴，工地转移费，职工探亲路费，劳动力招募费，职工离退休、退职一次性路费，工伤人员就医路费，以及现场管理使用的交通工具的油料、燃料、养路费和牌照费等。

⑧财产保险费：是指支付给保险公司的各种财产、运输、物资及特殊工种安全保险等的保险费用。

⑨劳动保险和职工福利费：是指由企业支付的职工退职金、按规定标准缴存的社会保险费和住房公积金、按规定支付的离休干部的各项经费、集体福利费、夏季防暑降温、冬季取暖补贴、上下班交通补贴等。

⑩工会经费：是指企业按职工工资总额计提的工会经费。

⑪税金：是指企业按规定缴纳的房产税、车船使用税、土地使用费和印花税等。

⑫劳动保护费：是指企业按规定发放的劳动保护用品的支出，如工作服、手套、防暑降温饮料，以及职工在有碍身体健康的环境中施工的保健费用等。

⑬其他费用：指除上述各项以外的其他必要的开支，包括技术转让费、技术开发费、投标费、业务招待费、绿化费、广告费、公证费、法律顾问费、审计费、咨询费、保险费、建设工程综合（交易）服务费及配套工程质量检测取样送检或为送检单位在施工现场开展有关工作等所发生的费用。

上述各项目的内容，应与地区规定的建筑安装工程费用定额相一致。

7.1.2 间接成本的分类

由上述可见，间接成本包括了建筑企业的所有不属于人工费、材料费及机械使用费费用开支，内容繁杂。为了便于加强管理和控制，应对其进行必要的分类。在实际工作中，可将其分为以下两大类：

①间接人工。间接人工指不属于直接人工成本，其发生不和工程施工有直接关系的各项工资性开支，如管理人员的工资等。

②其他间接费用。其他间接费用指除上述一类以外的其他施工间接费用，如固定资产使用费、办公费、差旅交通费等。

将间接成本划分为间接人工和其他间接费用，有利于各项费用的归集和分配。

7.2 间接费用的归集

7.2.1 间接费用核算会计账户的设置

为了反映和监督建筑企业在一定时期内间接费用的发生和分配情况，在成本会计账户体系中需设置"工程施工——间接费用"明细账户。该账户用于核算企业为组织和管理工程施工活动所发生的各项资金耗费。实际发生的各项间接费,记入该账户的借方;月终分配计入各受益对象,记入该账户的贷方。该账户月末无余额。

为了满足成本管理的需要,"工程施工——间接费用"明细账户应按施工单位分别设置明细账,并在账内按费用项目开设专栏,进行明细分类核算。

7.2.2 间接费用的归集

建筑企业的施工单位发生的各项间接费用,应按其用途和发生地点进行归集。间接费用的归集按其记账依据的不同,可采用以下两种方法:

①一般费用在发生时,直接根据开支凭证或据以编制的其他费用分配表,记入"工程施工——间接费用"账户及其明细账中,如办公费、差旅交通费、保险费等。

②工资、材料、折旧等费用,应在月终时根据汇总编制的各种费用分配表,记入"工程施工——间接费用"账户及其明细账中。

现举例说明间接费用主要会计事项的账务处理方法。

【例7.1】 假设某施工单位20××年12月份发生下列有关经济业务:

①1日,财务部门购买办公用品250元,以现金支付。会计分录为:

借:工程施工——间接费用——办公费   250

  贷:库存现金   250

②2日,报销职工上下班交通补贴费500元,以现金支付。会计分录为:

借:工程施工——间接费用——差旅交通费   500

  贷:库存现金   500

③3日,人事部门李宏扬报销差旅费1 500元,剩余现金500元交回。会计分录为:

借:工程施工——间接费用——差旅交通费   1 500

  库存现金   500

  贷:其他应收款——李宏扬   2 000

④5日,工程部门报销业务招待费1 000元,以现金支付。会计分录为:

借:工程施工——间接费用——其他   1 000

  贷:库存现金   1 000

⑤6日,以银行存款支付职工上下班通勤车辆维修费800元。会计分录为:

借:工程施工——间接费用——差旅交通费   800

  贷:银行存款   800

⑥7日,领用一次摊销的工具用具500元。会计分录为:

借:工程施工——间接费用——工具用具使用费   500

  贷:周转材料   500

⑦10日,分配管理人员工资50 000元。会计分录为:

借:工程施工——间接费用——管理人员工资   50 000

  贷:应付职工薪酬   50 000

⑧15 日,计提管理部门固定资产折旧费 4 000 元。会计分录为:

借:工程施工——间接费用——固定资产使用费　　　4 000

　　贷:累计折旧　　　　　　　　　　　　　　　　　　　4 000

⑨20 日,计算应缴存职工医疗保险费等社保费用 48 600 元。会计分录为:

借:工程施工——间接费用——劳动保险与职工福利费　　　48 600

　　贷:应付职工薪酬　　　　　　　　　　　　　　　　　　　48 600

⑩21 日,计算应缴存本月职工养老保险金、失业保险金等 35 100 元。会计分录为:

借:工程施工——间接费用——劳动保险与职工福利费　　　35 100

　　贷:应付职工薪酬　　　　　　　　　　　　　　　　　　　35 100

⑪30 日,按规定标准计提工会经费 5 000 元,职工教育经费 2 500 元。会计分录为:

借:工程施工——间接费用——工会经费　　　　　　　5 000

　　　　　　　　　　　　　——职工教育经费　　　　2 500

　　贷:应付职工薪酬　　　　　　　　　　　　　　　　　7 500

⑫30 日,计算本月应缴纳的房产税 1 500 元、车船使用税 800 元、土地使用税 700 元。会计分录为:

借:工程施工——间接费用——税金　　　　　　　　　3 000

　　贷:应交税费——房产税　　　　　　　　　　　　　1 500

　　　　　　　　——车船使用税　　　　　　　　　　　800

　　　　　　　　——土地使用税　　　　　　　　　　　700

⑬30 日,计算应缴存本月职工住房公积金 10 000 元。会计分录为:

借:工程施工——间接费用——劳动保险与职工福利费　　　10 000

　　贷:应付职工薪酬　　　　　　　　　　　　　　　　　　　10 000

⑭30 日,支付银行借款利息 25 000 元。会计分录为:

借:工程施工——间接费用——财务费　　　　　　　　25 000

　　贷:银行存款　　　　　　　　　　　　　　　　　　　25 000

根据上述业务的记账凭证登记的"间接费用明细账"如表 7.1 所示。

表7.1 间接费用明细账

施工单位：某项目部

月	日	凭证号	摘要	管理人员工资	办公费	差旅交通费	固定资产使用费	工具用具使用费	财务费用	工会经费	职工教育经费	劳动保险与职工福利费	财产保险费	税金	其他	合计
12	1	1	购办公用品		250											250
	2	2	报交通补贴			500										500
	3	3	报差旅费			1 500										1 500
	5	4	报招待费												1 000	1 000
	6	5	付车辆维修费			800										800
	7	6	领工具用具					500								500
	10	7	发放工资	50 000												50 000
	15	8	提折旧费				4 000									4 000
	20	9	计提医疗保险费									48 600				48 600
	21	10	计提养老保险费									35 100				35 100
	30	11	提工会经费等							5 000	2 500					7 500
	30	12	计应交税费											3 000		3 000
	30	13	计提住房公积金									10 000				10 000
	30	14	付借款利息						25 000							25 000
	31		本月合计	50 000	250	2 800	4 000	500	25 000	5 000	2 500	93 700		3 000	1 000	187 750
	31	13	分配	−50 000	−250	−2 800	−4 000	−500	−25 000	−5 000	−2 500	−93 700		−3 000	−1 000	−187 750

7.3 间接成本的分配

7.3.1 间接成本分配标准的确定

间接费用按其发生的地点和规定的明细项目归集后,即为间接成本总额,应由各建筑企业当期所施工的全部合同工程来负担。如某建筑企业当期只进行一项合同工程的施工,则间接成本的核算只是为了管理与控制该项费用的发生,其归集的间接成本可直接计入该项合同工程成本中,不存在在各工程项目之间进行分配的问题。但在同一时期进行多项合同工程施工的建筑企业,归集的间接成本则应按适当的标准分配计入各合同工程项目的成本中。

分配间接成本的关键在于选择合理的分配标准。由于间接成本包含的内容繁杂,费用项目的性质各异,为间接成本分配标准的选择带来了一定的难度。在一般情况下,选择间接成本的分配标准,需要考虑间接成本与工程的关系及与工程实物量的关系,同时还应遵循以下几项原则:

1) 相关性原则

即分配标准与被分配的间接成本的发生有着密切联系,一般可按工程预算成本间接费取费的基础作为分配标准,这样可与预算成本口径一致,便于工程成本的分析考核。如某地区工程计价定额规定:房屋建筑工程、仿古建筑工程、构筑物工程、市政工程、城市轨道交通工程等建筑工程按人工费和施工机具使用费之和为基础计取管理费;通用安装工程、市政安装工程、装饰工程、幕墙工程、城市轨道交通安装等安装工程以人工费为基础计取管理费。这样,在分配间接费用时就可采用:建筑工程按人工费和施工机具使用费之和进行分配;安装工程按人工费进行分配。

2) 易操作原则

即作为分配标准的因素必须易于正确计量,容易取得,以便合理计算出各工程所应负担的间接成本。

3) 相对稳定原则

即间接成本分配标准与分配方法一经确定,不得任意改变,以保证各期成本的可比性。

7.3.2 间接成本的分配方法

间接成本分配计入各工程成本的方法,在实际工作中可采用以下几种分配方法:

1) 按工程人工成本和施工机具成本比例分配

它是以应负担被分配间接成本的各工程所发生的人工成本和施工机具成本为标准,分配间接成本的一种方法。其计算公式为:

$$\frac{间接成本}{分配率} = \frac{间接成本总额}{各工程人工成本和施工机具成本之和} \times 100\%$$

$$\begin{array}{l}\text{某工程间接} \\ \text{成本分配额}\end{array} = \frac{\text{该工程人工成本和}}{\text{施工机具成本数}} \times \begin{array}{l}\text{间接成本} \\ \text{分配率}\end{array}$$

这种方法适用于房屋建筑工程等建筑工程的间接成本分配。

【例 7.2】 某建筑企业同时进行甲、乙两合同项目的施工,本月共发生间接成本 62 000 元,甲项目本月发生的人工成本和施工机具成本之和为 180 000 元,乙项目本月发生的人工成本和施工机具成本之和为 64 540 元。各项目应负担的施工间接成本分配如下:

$$\text{间接成本分配率} = \frac{62\ 000\ \text{元}}{(180\ 000 + 64\ 540)\ \text{元}} \times 100\% = 25.35\%$$

$$\text{甲项目应负担的间接成本} = 180\ 000\ \text{元} \times 25.35\% = 45\ 630\ \text{元}$$

$$\text{乙项目应负担的间接成本} = 64\ 540\ \text{元} \times 25.35\% = 16\ 370\ \text{元}$$

2)按工程人工成本的比例分配

它是以直接计入各工程中的人工成本的比例作为分配标准,分配间接成本的一种方法。其计算公式为:

$$\begin{array}{l}\text{间接成本} \\ \text{分配率}\end{array} = \frac{\text{间接成本总额}}{\text{各工程人工成本之和}} \times 100\%$$

$$\begin{array}{l}\text{某工程施工} \\ \text{成本分配额}\end{array} = \begin{array}{l}\text{该工程人工} \\ \text{成本数}\end{array} \times \begin{array}{l}\text{间接成本} \\ \text{分配率}\end{array}$$

这种方法一般适用于通用安装工程等安装工程的施工间接成本的分配。

上述分配公式中,建筑工程的人工成本和施工机具成本及安装工程的人工成本可按当期发生的实际成本或预算成本计算。

如果在一个建筑企业内,同一时期既进行建筑工程施工又进行安装工程施工,则间接成本的分配应分两步进行:

第一步,以人工成本为标准,在各类工程之间进行间接成本的分配。其计算公式为:

$$\begin{array}{l}\text{间接} \\ \text{成本分配率}\end{array} = \frac{\text{间接成本总额}}{\text{各类工程人工成本之和}} \times 100\%$$

$$\begin{array}{l}\text{某类工程} \\ \text{间接成本的分配额}\end{array} = \begin{array}{l}\text{该类工程的} \\ \text{人工成本}\end{array} \times \begin{array}{l}\text{间接成本} \\ \text{分配率}\end{array}$$

第二步,在同一类的各个工程之间进行分配。其分配方法同前述。

间接成本分配计入工程成本,可通过编制"间接成本分配表"进行。间接成本分配表的格式如表 7.2 所示。

表 7.2 间接成本分配表

20××年 12 月

(1)在各有关二级账户之间进行分配

受益账户	建筑工程	安装工程	合计
分配基础			
分配金额	62 000		62 000

（2）在各成本核算对象之间进行分配

受益对象	分配基础	分配率	分配额	受益对象	分配基础	分配率	分配额
甲工程项目	180 000	25.35%	45 630				
乙工程项目	64 540	25.35%	16 370				
合计	244 540		62 000				

根据上述分配表，可作如下会计分录：

借：工程施工——建筑工程　　　　　　　　　18 902

　贷：间接费用　　　　　　　　　　　　　　　　18 902

施工间接成本的核算应与地区建筑安装工程费用项目的划分一致，以便于组织成本的核算与考核。

本章小结

间接成本是建筑企业组织承包工程施工生产所发生的各项耗费。

间接成本是一项共同性耗费，成本发生后不能直接计入某项工程成本，因此必须先行归集，然后采用一定的方法分配计入受益的工程项目成本中。

间接成本可通过"工程施工——间接费用"明细账户进行归集，实际发生的各项开支计入该账户的借方。为了满足成本管理的需要，该账户应按施工单位分别设置明细账，并在账内按费用项目开设专栏，组织明细分类核算。

间接成本在期末时应分配计入受益工程项目的成本中。分配方法有：按工程人工成本和施工机具成本比例分配、按工程人工成本比例分配。如果在一个建筑企业同一时期既进行建筑工程施工又进行安装工程施工，则间接成本分两步进行分配：第一步，按人工成本为标准在各类工程之间进行分配；第二步，在同一类各工程项目之间进行分配。间接成本通过分配以后，记入"工程施工——合同成本"账户。

复习思考题

7.1　什么叫间接成本？它具有什么特点？

7.2　间接成本由哪些内容构成？

7.3　间接成本如何归集？

7.4　间接成本有哪几种分配方法？如何进行分配？

7.5　练习间接成本的核算。

（1）资料：某建筑企业20××年9月发生的间接成本核算的经济业务。

①以银行存款支付职工差旅费 9 200 元;

②以银行存款支付银行借款利息 18 600 元;

③计算本月应缴纳的房产税 2 760 元,财产保险费 1 600 元;

④以现金支付业务招待费 6 400 元;

⑤以银行存款支付投标费 4 130 元;

⑥应付供电局电费 18 630 元,自来水公司水费 1 800 元;

⑦根据"工资分配表",本月应付职工工资 500 000 元,其中:应分配管理人员工资 116 000元,并按职工工资总额的 14% 计提职工福利费 70 000 元;

⑧计提管理及试验用固定资产折旧费为 4 500 元;

⑨支付银行手续费 160 元;

⑩按职工工资总额计提工会经费 10 000 元、职工教育经费 7 500 元;

⑪计算应缴存医疗保险等社会保险费 50 000 元;

⑫计算应缴存住房公积金 40 000 元;

⑬计算应缴存养老保险费、失业保险费 65 000 元;

⑭生产工人领用一次转销的工器具 5 000 元,劳保用品 2 000 元。

(2)要求:

①根据上述经济业务作出会计分录;

②设置和登记"间接费用明细账"。

7.6 练习间接成本的分配。

(1)资料:某建筑企业的施工单位 20××年 9 月有关资料。

①本月发生的间接成本见本章习题 7.5。

②本月施工工程项目的成本资料如下表所示。

工程类别	工程项目	人工成本与施工机具成本之和	其中:人工成本
建筑工程	101#合同项目	420 000	64 100
	201#合同项目	350 000	52 000
	202#合同项目	300 000	46 000
安装工程	403#合同项目	200 000	31 500

(2)要求:根据上述资料分配间接成本(编制"间接成本分配表"和会计分录)。

第8章 工程成本的明细分类核算

建筑企业在工程施工过程中发生的施工费用,通过前述方法进行归集和分配以后,已记录在"工程施工——合同成本"账户。本章再详细介绍工程成本的明细分类核算方法。

工程成本的明细分类核算,就是将工程施工过程中发生的施工费用,按人工费、材料费、施工机具使用费、其他直接费和间接费等各个成本项目进行再归集和再分配,从而计算出各成本核算对象在一定时期及自开工至竣工期间所发生的实际成本数。

通过工程成本的明细分类核算,可以真实地反映出建筑企业在一定时期,每项承包工程在一定时期及整个施工周期内工程成本的真实水平,然后与预算成本对比,就能正确揭示成本的节超情况,从而为工程成本管理提供信息,促进施工管理水平的不断提高。为此,工程成本的明细分类核算应完成以下任务:正确计算各项承包工程的实际成本,真实反映工程成本水平;为确认当期施工活动成果和总结竣工工程施工管理经验教训提供依据。

8.1 工程成本计算对象和成本项目

组织工程成本的明细分类核算,首先要确定工程成本的计算对象和明确成本项目,这是归集和分配施工费用、设置和登记工程成本明细账的前提。

8.1.1 工程成本计算对象

工程成本的计算对象是施工费用的承担者,即归集和分配施工耗费的具体对象。合理地确定成本计算对象,是组织工程成本核算的前提。

由于建筑企业承包建造的工程项目的单件性、流动性和买方(业主)的确定性,应根据施工工程项目的地点、用途、结构、施工组织和工程价款结算办法等因素,确定成本计算对象。

建筑企业承包建造的工程项目都必须签订建造合同(或施工合同),建造合同甲方(建设单位或业主)通常是事先按合同编制工程预算,建造合同乙方(建筑承包商或建筑企业)也总是按合同规定的工程价款、结算方式,按进度与甲方结算工程价款,因此建造合同与工程成本计算对象有着密切的关系。

建造合同是指为了建造一项资产或者在设计、技术、功能、最终用途等方面密切相关的数项资产而订立的合同。这里所讲的资产,是指房屋、道路、桥梁、水坝等建筑物和构筑物。所建造的资产从其功能和最终用途看,可分为:一是建成后就可投入使用和单独发挥作用的单项工程,如房屋、桥梁等;二是在设计、技术、功能和最终用途等方面密切相关的由数项资产构成的建设项目,只有这些资产全部建成并投入使用时,才能整体发挥效益,如承建一个发电厂,该项目由锅炉房、发电室、冷却塔等几个单项工程构成,只有各单项工程全部建成并投入使用时,发电厂才能正常运转和发电。

建造合同与买卖合同等相比有其自身的特点,表现在:一是先有买方(业主),后有标的(即资产造价,建造资产的造价在签订合同时已经确定);二是资产的建设期长,一般都要跨越一个会计年度,有的长达数年;三是所建造的资产体积庞大,造价高;四是建造合同一般为不可取消的合同。

由于建造合同是建筑企业组织工程施工和管理的依据,因此应以建造合同为工程成本计算对象。具体地说:

(1)以单项建造合同为工程成本计算对象

一般情况下,建筑企业应以签订的单项建造合同为工程成本计算对象,分别计量和确认各单项合同的成本,以利于分析工程预算和施工合同的完成情况,并为核算合同损益提供依据。

(2)以合同分立后的单项资产为工程成本计算对象

如果一项建造合同包括建造数项资产,在同时具备下列条件的情况下,每项资产应分立为单项合同处理:

①每项资产均有独立的建造计划,包括有独立的施工图预算;

②建筑企业与业主就每项资产单独进行谈判,双方能够接受或拒绝与每项资产有关的合同条款;

③每项资产的收入与成本均可单独辨认,如每项资产均有单独的造价和预算成本;

④对该项建造合同进行分立,应将分立后的单项资产作为一个成本计算对象,单独核算其成本,有利于正确计算建造每项资产的损益。

(3)以合同合并后的一组合同为工程成本计算对象

如果一组建造合同无论对应单个业主或几个业主,在同时具备下列条件的情况下,应合并为单项合同处理:

①该组合同按一揽子交易签订;

②该组合同密切相关,每项合同实际上已构成一项综合利润率工程的组成部分;

③该组合同同时或依次履行。

由于在同一地点同时或依次施工,建筑企业对施工队伍、工程计量、施工质量与进度实行统一管理,将符合合同合并条件的一组合同合并作为一个成本计算对象,有利于工程管理和简化核算。

工程成本计算对象一经确定后,建筑企业内部的各有关部门必须共同遵守,不得任意变更。所有原始记录和核算资料均应按照统一确定的成本计算对象填写清楚,以确保工程成本的真实性和准确性。

8.1.2 工程成本项目

工程成本项目是施工费用按经济用途进行分类而划分成的若干项目。成本项目可以反映工程成本的经济构成及工程施工过程中不同的资金耗费情况,为进行工程成本分析提供依据。

根据现行制度的规定,工程成本项目包括:

①人工费:指建筑企业直接从事工程建造(建筑安装工程施工)的生产工人开支的各项费用。

②材料费:指工程施工过程中耗用的、构成工程实体的原材料、辅助材料、构配件、零件、半成品的费用。

③施工机具使用费:指工程施工过程中使用施工机具发生的各项开支,如自有施工机械所发生的各项耗费等。

④其他直接费:指为完成工程项目施工,发生于该工程施工前和施工过程中非工程实体项目的技术和组织措施费用。

以上四项费用构成直接成本。

⑤间接费:指为组织和管理施工生产所发生的费用。

如果建筑企业在工程施工过程中分包工程较多的,也可设置"分包工程"成本项目。

8.2 人工费的核算

8.2.1 工程成本中人工费的内容

工程成本中的人工费项目内容包括:按照国家规定支付给直接从事建筑安装工程施工的工人,在现场制作和支拆模板的工人,用人力将器材自工地仓库运至工地和在工地范围内转移的辅助工人,在现场直接为工程制作构件的工人,以及为施工机械送料、配料和搬运施工机械所产产品(如流态混凝土、砂浆等)等辅助工人的计时或计件工资、奖金、津补贴、加班加点工资、生产工人带薪缺勤工资等。支付给劳务派遣公司的劳务费也应列入人工费项目下。

工程成本中的人工费内容应与地区建设工程费用定额规定的内容相一致。

8.2.2 人工费计入成本核算对象的方法

人工费分配计入成本核算对象,应当按照人工费的性质和内容区别对待,现分别介绍如下。

①建筑安装工人的计件工资:将计件标准工资直接计入受益成本核算对象的"人工费"成本项目。

②建筑安装工人的计时工资:根据用工记录能明确受益对象的,将计时标准工资直接计入受益成本核算对象的"人工费"成本项目;如不能明确受益对象的,则按各工程实际用工数(或定额用工数)进行分配,分别计入各受益成本核算对象的"人工费"成本项目。计时工资分配的计算公式为:

$$\text{某成本核算对象应分配的计时工资} = \text{该成本核算对象实际用工数} \times \text{日平均计时工资}$$

式中,日平均计时工资按下式计算:

$$\text{日平均计时工资} = \frac{\text{计时标准工资} + \text{加班工资}}{\text{出勤工日数}}$$

计时工资分配的依据主要是建筑安装工人的施工用工记录。施工用工记录一般附于工程任务单或班组作业计划的背面(或附页),其内容包括施工生产工人的出勤、缺勤和工时利用等情况。应由劳资管理人员指导班组详细填报,月终对每个成本核算对象和其他用途的实际用工进行分析汇总,编制"施工用工统计表",作为计时工资分配的依据。

③建筑安装工人的津补贴:按各成本核算对象的实际(或定额)用工数(计件、计时合计工日数)的比例分配计入各受益对象的"人工费"成本项目。计算公式为:

$$\text{津补贴分配率} = \frac{\text{津补贴}}{\text{计时工日数} + \text{计件工日数}}$$

$$\text{某成本核算对象应分配的津补贴} = \text{该成本核算对象实际(或定额)用工数} \times \text{津补贴分配率}$$

④建筑安装工人包括在工资总额中的各种奖金及带薪缺勤工资:应按各成本核算对象的实际(或定额)用工数(计件、计时工日合计数)进行分配,计入各成本核算对象"人工费"成本项目。其计算和分配方法同津补贴。

⑤支付给劳务派遣公司的劳务费:可直接根据劳务支付凭证,计入受益对象。

在人工费成本核算中,应严格区分人工费的范围,一切非工程施工所发生的人工费不得计入"人工费"成本项目。施工生产工人从事施工现场临时设施搭设、现场材料整理、运输和加工等发生的人工费,也不得计入"人工费"成本项目。

8.2.3 人工费分配表的编制

工程成本人工费的分配,应通过"人工费分配表"进行。假设某建筑企业根据施工用工记录和日平均工资率等资料编制的"人工费分配表"如表8.1所示。

根据上述分配表,可在"工程施工"二级账户"建筑安装工程成本明细账"和按成本核算对象设置的"建筑安装工程成本卡"的"人工费"项目栏中登记其人工费。

表 8.1　人工费分配表

20××年 12 月

项目	工日数	分配率	101#合同项目		203#合同项目		204#合同项目		302#合同项目		合计
			工日	金额	工日	金额	工日	金额	工日	金额	
一、工资				472 010		45 358		40 280		59 382	617 030
1.计件工资	3 335		2 520	264 600	205	21 625	100	10 500	510	57 750	354 475
2.计时工资	2 565	95.00	2 030	192 850	235	22 325	300	28 500			243 675
3.津补贴	5 900	1.00	4 550	4 550	440	440	400	400	510	510	5 900
4.奖金	5 900	1.00	4 550	4 550	440	440	400	400	510	510	5 900
5.带薪缺勤工资	5 900	1.20	4 550	5 460	440	528	400	480	510	612	7 080
二、劳务费				48 579		23 758		21 135		30 840	124 312
合计				520 589		69 116		61 415		90 222	741 342

8.3　材料费的核算

8.3.1　工程成本中材料费的内容

工程成本中的材料费包括建筑安装工程施工过程中耗用并构成工程实体的主要材料、结构件和工程设备等的实际成本,包括材料和工程设备的原价、运杂费、运输损耗费和采购及保管费。

材料费在工程全部成本中占有较大比重,因此认真做好材料费的核算,加强材料使用管理,努力节约材料费支出,是降低工程成本的重要途径。

8.3.2　材料费计入成本核算对象的方法

建筑安装工程施工过程中所消耗的材料,一般可根据发出材料的有关原始凭证分类整理、汇总后直接计入或分配计入各成本核算对象的"材料费"成本项目。具体地说:

①凡领料时能点清数量和分清用料对象的,应在领料单上填明成本核算对象的编号和名称,据以直接汇总计入各成本核算对象。

②凡用料时不易点清数量,也难分清用料对象的大堆材料,可先由材料员或班组验收保管,如实行集中搅拌的则由搅拌站验收保管,月末时通过实地盘点并计算实耗量,编制"大堆材料耗用计算单",结合材料消耗定额,据以分配计入各成本核算对象。"大堆材料耗用计算单"的格式如表 4.10 所示。

③凡是集中配料或统一下料的,应在领料单上填明"工程集中配料"字样,月末由材料管理人员或领料班组根据用料情况,编制"集中配料耗用计算单",结合材料消耗定额或实际耗用的比重,分配计入各成本核算对象。"集中配料耗用计算单"的格式如表 4.11 所示。

④建筑安装工程用的预制结构件,一般由建筑企业所属的实行内部独立核算的预制构件

厂生产或向外部购入,然后运至现场组织安装;也有的由建筑企业在施工现场就地制作与安装。对于预制构件厂与外部供应的结构件,应和建筑材料一样办理入库手续,按照安装进度,根据有关原始凭证将其实际成本计入各成本核算对象的"材料费"成本项目;对于现场自行制作的结构件,可通过"工程施工——辅助生产"账户归集制作成本,完工后将其各项耗费计入各成本核算对象相应的成本项目中。

⑤工程竣工后的剩余材料应当办理退料手续,填制退料单(或用红字填制"领料单");施工中发生的残次材料和包装品等应尽量回收利用,填制"残料交库单",估价入账并冲转工程成本的"材料费"。

8.3.3 材料费分配表的编制

月末时,建筑企业应根据领料单、定额领料单、大堆材料耗用计算单、集中配料耗用计算单、退料单等原始单据,编制"材料费分配表",用于确定当月各成本核算对象所发生的材料费,作为工程成本计算和成本账卡登记的依据。

按计划成本进行材料日常核算的企业,还应按月随同耗用材料的计划成本和当月的实际材料成本差异率分配材料成本差异,将耗用材料的计划成本调整为实际成本。为了加快月结工作,材料成本差异的分配也可以按上月的材料成本差异率计算。

"材料费分配表"举例如表 8.2 所示。

表 8.2　材料费分配表

20××年 12 月

受益对象 材料名称	计量单位	101#合同项目		203#合同项目		204#合同项目		302#合同项目		合计金额
		数量	金额	数量	金额	数量	金额	数量	金额	
一、主要材料										
1.钢材	t	60	270 000	2	9 000			1.3	6 000	285 000
2.水泥	t	360	144 000	30	12 000	17.5	7 000	20	8 000	171 000
3.石灰	t			17	1 700	21	2 100	22	2 200	6 000
⋮										
10.小计			1 220 900		86 400		92 700		114 000	1 514 000
11.成本差异			12 500		1 100		1 260		1 340	16 200
二、结构件										
1.混凝土结构件	m³							20	28 560	28 560
2.成本差异										
三、辅助材料										
1.金额			36 600		2 827		7 313		3 960	50 700
2.成本差异			390		45		39		33	507
四、(一~三合计)										
1.金额			1 257 500		89 227		100 013		146 500	1 593 260
2.成本差异			12 890		1 145		1 299		1 373	16 707
3.合计			1 270 390		90 372		101 312		147 893	1 609 967

根据上述"材料费分配表",可在"工程施工"二级账户"建筑安装工程成本明细账"和按成本核算对象设置的"建筑安装工程成本卡"的"材料费"成本项目栏中登记其材料费。

8.4　施工机具使用费的核算

8.4.1　工程成本中施工机具使用费的内容

工程成本中的施工机具使用费,是指在工程施工过程中使用施工机械和仪器仪表所发生的各项开支。包括:使用自有施工机械和运输设备所发生的机械使用费,租用外单位(包括内部独立核算单位)施工机械所支付的机械租赁费,以及按规定支付的施工机械(不含大型机械)安装、拆卸和进出场费等,使用仪器仪表的摊销及维修费用等。

8.4.2　施工机具使用费计入工程成本的方法

1)租用外单位(包括内部独立核算机械作业单位)的施工机械

应按租赁机械设备种类、使用及停置台班数和规定的结算价格支付机械租赁费。建筑企业支付的机械租赁费,凡能确定受益对象的,应按照机械租赁费结算凭证所附的机械运转记录列示的工程和使用台班数等资料,直接计入有关成本核算对象的施工机具使用费中;如由几个成本核算对象共同受益的,应以定额使用量等为标准,分配计入各成本核算对象的施工机具使用费中。租赁机械使用费一般通过编制"租赁机械使用费汇总分配表"进行计算和分配。

现以某建筑企业根据内部独立核算的机械化站转来的有关结算凭证编制的"租赁机械使用费汇总分配表"为例,列示其一般格式如表 8.3 所示。

表 8.3　租赁机械使用费汇总分配表

20××年 12 月

受益对象	推土机		汽车		吊车		合计金额
	单价	500	单价	400	单价	200	
	台班	金额	台班	金额	台班	金额	
101#合同项目 302#合同项目	5	2 500	175 6	70 000 2 400	10	2 000	72 500 4 400
合计	5	2 500	6	72 400	10	2 000	76 900

根据机械租赁费结算凭证和上述分配表,即可作如下会计分录,并据以在工程成本明细账中的施工机具使用费项目进行登记:

借:工程施工——合同成本——101#合同项目(施工机具使用费)　　72 500

　　　　　　　　　　——302#合同项目(施工机具使用费)　　　4 400

　　贷:应付账款——机械化站　　　　　　　　　　　　　　　　　76 900

2)使用本单位自有施工机械和运输设备

其作业成本先通过"机械作业"账户核算,月终再按一定的方法分配计入受益成本核算对象的施工机具使用费项目中。其中,大、中型机械设备,可按单机或机组归集,计算台班实际成本,然后根据机械运转记录及机械使用月报所示的工程名称、使用台班和台班实际成本分配计入各受益成本核算对象,也可采用完成产量分配法或计划成本分配法进行分配;现场使用的小型机械设备(机械台班定额不包括的),其作业成本可在"机械作业"账户设置一个明细账户综合核算,月终按机械设备具体使用情况或工程机械费预算成本或工程工料实际成本为分配标准,分配计入各受益成本核算对象的施工机具使用费项目中。

在实际工作中,自有机械使用费的分配是通过编制"自有机械使用费分配表"进行的,其格式如表8.4所示。

表8.4　自有机械使用费分配表

20××年12月

受益对象	搅拌机		卷扬机		翻斗车		小型机械		合计金额
	单价	30	单价	40	单价	50	分配率	10%	
	台班	金额	台班	金额	台班	金额	标准	金额	
101#合同项目	150	4 500			50	2 500	9 500	950	7 950
203#合同项目	10	300	15	600	5	250	1 200	120	1 270
204#合同项目	5	150	10	400	4	200	900	90	840
302#合同项目	10	300	10	400	8	400	3 400	340	1 440
合计	175	5 250	35	1 400	67	3 350	15 000	1 500	11 500

注:小型机械按工程施工机具使用费预算成本为标准进行分配。

3)按照规定支付的施工机械(不含大型机械)安装、拆卸和场外运输费

根据支付金额计入受益成本核算对象的施工机具使用费项目。现举例说明如下。

设某建筑企业承包的工程项目本月用银行存款支付施工机械安装及拆卸费1 200元,进出场费1 500元。根据各工程机械使用费预算成本的比例分配,结果如表8.5所示。

根据上述分配结果,可编制如下会计分录:

借:工程施工——合同成本——有关核算对象(施工机具使用费)　　2 700

　　贷:银行存款　　　　　　　　　　　　　　　　　　　　　　2 700

表 8.5 施工机械进出场费分配表

20××年 12 月

受益对象	安装及拆卸费			进出场费			合计金额
	分配基础	分配率	分配额	分配基础	分配率	分配额	
101#合同项目	9 500		760	9 500		950	1 710
203#合同项目	1 200		96	1 200		120	216
204#合同项目	900		72	900		90	162
302#合同项目	3 400		272	3 400		340	612
合计	15 000	8%	1 200	15 000	10%	1 500	2 700

根据上述分配表(表8.3、表8.4、表8.5),即可在"工程施工"二级账户"建筑安装工程成本"明细账和按成本核算对象设置的"建筑安装工程成本卡"的"施工机具使用费"成本项目栏中登记其施工机具使用费。

8.5 其他直接费与间接费的核算

8.5.1 其他直接费的核算

工程成本中的其他直接费,是指除前述人工费、材料费、施工机具使用费外的其他直接工程费。

1)其他直接费的组成

其他直接费包括技术措施费用、施工组织措施费用和风险费。

(1)技术措施费

①特、大型施工机械设备进出场及安拆费:进出场费是指特、大型机械整体或分体自停放场地运至施工现场或由一个地点运至另一个施工地点,所发生的机械进出场运输、装卸、辅助材料及转移费用;安拆费是指特、大型施工机械在施工现场进行安装、拆卸所需的人工费、材料费、机械费、试运转费和安装所需的辅助设施的费用。

②混凝土、钢筋混凝土模板及支架费:是指混凝土及钢筋混凝土施工过程中需要的模板、支架等的支、拆、运输费用及模板、支架的摊销或租赁费用。

③脚手架费:是指施工所需要的各种脚手架搭、拆、运输费用及脚手架的摊销或租赁费用。

④施工排水及降水费:是指为了确保工程在正常条件下施工,采用各种排水、降水措施所发生的各种费用。

⑤专业工程专用措施费:是指除上述通用措施项目外,各专业工程根据工程特征所采用的措施项目费用,如建筑工程的垂直运输机械使用费、超高施工增加费;装饰工程的垂直运输机

械使用费、室内空气污染测试费;通用安装工程的垂直运输、组装平台、抱(拔)杆等费用。

(2)施工组织措施费

①组织措施费。

a.冬雨季施工增加费:是指在冬雨季施工时需增加的设施(如防雨、防寒棚)、劳保用品、防滑、排除雨雪的人工及劳动效率降低等费用。

b.夜间施工增加费:是指因夜间施工所发生的照明设施摊销和照明用电、夜餐补助、夜间施工劳动效率降低等费用。

c.二次搬运费:是指由于施工现场条件限制而发生的材料、构配件、成品、半成品一次运输不能到达堆积地点,必须进行二次或多次搬运所发生的费用。

d.工程定位复测费:是指工程定位复测、施工测量放线等费用。

e.已完工程及设备保护费:是指竣工验收前,对已完工程及设备进行必要保护措施所发生的费用。

②安全文明施工费。

a.环境保护费:是指施工现场为达到环保部门要求所发生的各项费用。

b.文明施工费:是指施工现场为满足文明施工要求所发生的各项费用。

c.安全施工费:是指施工现场安全施工所发生的各项费用。

d.临时设施费:是指施工企业为进行建设工程施工所必须搭设的生活和生产用的临时建筑物、构筑物和其他临时设施所发生的费用,包括临时设施的搭设、维修、拆除、清理和摊销费用。

③建设工程竣工档案编制费:是指施工企业根据建设工程档案管理的有关规定,在建设工程施工过程中收集、整理、制作、装订、归档具有保存价值的文字、图纸、图表、声像、电子文件等各种建设工程档案资料所发生的费用。

④住宅工程质量分户验收费:是指施工企业根据住宅质量分户验收规定,进行住宅工程分户验收工作发生的人工、材料、检测工具、档案资料等费用。

(3)风险费

①一般风险费:是指工程施工期间因停水、停电,材料设备供应,材料代用等不可预见的一般风险因素影响正常施工而又不便于计算的损失费用。内容包括:一个月内临时停水、停电在工作时间16小时以内的停工、窝工损失;发包人供应材料、设备不及时,造成的停窝工在8小时以内的损失;材料的理论质量与实际质量的差;材料代用(但不包括建筑材料中钢材的代用)。

②其他风险费:是指工程投标时,投标人根据招标人招标文件要求承担的人工、材料、机械价格及工程量变化导致的风险费用。

2)其他直接费计入工程成本的方法

①其他直接费在发生的当时能确定各个具体成本核算对象的,直接计入受益对象的成本中,如技术措施费等。

②其他直接费在发生的当时不能直接确定具体成本核算对象的,应先通过"工程施工——其他直接费"明细账户归集,期末时按以下方法分配计入各合同项目成本中:

a.人工加机具使用成本分配法:是指以各成本核算对象已发生的并登记在工程成本明细账的人工费、施工机具使用费合计金额为基础分配其他直接费的一种方法。其计算公式为:

$$\text{其他直接费分配率}=\frac{\text{本月其他直接费发生额}}{\text{各成本核算对象人工及施工机具成本之和}}\times100\%$$

$$\text{某成本核算对象应分配的其他直接费}=\text{该成本核算对象人工及施工机具成本}\times\text{其他直接费分配率}$$

b.施工组织措施费预算成本分配法:指以施工组织措施费预算成本为基础分配其他直接费的一种方法。其计算公式为:

$$\text{其他直接费分配率}=\frac{\text{本月其他直接费发生额}}{\text{各成本核算对象施工组织措施费预算成本之和}}\times100\%$$

$$\text{某成本核算对象应分配的其他直接费}=\text{该成本核算对象施工组织措施费预算成本}\times\text{其他直接费分配率}$$

上述方法适用于施工组织措施费及一般风险费的分配。

3) 其他直接费分配表的编制

其他直接费的分配,应根据其他直接费的组成内容,对技术措施费和施工组织措施费分别编制分配表进行分配。

(1)技术措施费分配表

技术措施费中的大型机械设备进出场及安拆费,在该项费用的工程结算收入取得时,同期计入工程成本;模板与脚手架费,根据前述的周转材料摊销计算表确定的受益对象及摊销额计入工程成本;施工排水及降水费,根据实际发生的费用及受益对象计入工程成本;专业工程专用措施费,根据实际发生的费用与受益对象计入工程成本。在实际工作中,技术措施费的分配是通过编制"技术措施费汇总分配表"进行的,其格式如表8.6所示。

表 8.6　技术措施费汇总分配表

20××年 12 月

项目	101#合同项目	203#合同项目	204#合同项目	302#合同项目	合计金额
1.自有周转材料	12 600	1 327	2 013	2 860	18 800
架料		1 327	2 013	2 860	6 200
模板	212 600				212 600
2.折旧费	6 000				6 000
3.租入周转材料	5 000		4 000		9 000
架料			4 000		4 000
模板	5 000				5 000
合计	223 600	1 327	6 013	2 860	233 800

(2)施工组织措施费分配表

施工组织措施费的分配应通过编制"施工组织措施费分配表"进行。

现举例说明施工组织措施费的分配。

假设某建筑企业本月发生的冬雨季施工增加费 2 000 元,临时设施费 22 000 元,安全文明施工费 4 500 元,二次搬运费 1 100 元,夜间施工增加费 1 600 元,按施工组织措施费预算成本的比例分配。施工组织措施费预算成本资料见分配表。根据上述资料编制的"组织措施费分配表",如表 8.7 所示。

表 8.7　施工组织措施费分配表

20××年 12 月

受益对象 费用项目	分配率/%	101#合同项目		203#合同项目		204#合同项目		302#合同项目		合　计	
		分配 基础	分配 金额	分配 基础	分配 金额	分配 基础	分配 金额	分配 基础	分配 金额	分配 基础	分配 金额
1.冬雨季施工增加费	1.54	75 219	1 158	14 978	230	17 895	276	21 719	336	129 811	2 000
2.安全文明施工费	3.47	75 219	2 607	14 978	524	17 895	626	21 719	743	129 811	4 500
3.夜间施工增加费	1.23	75 219	925	14 978	184	17 895	220	21 719	271	129 811	1 600
4.二次搬运费	0.08	75 219	637	14 978	127	17 895	151	21 719	185	129 811	1 100
5.临时设施费	16.95	75 219	12 748	14 978	2 538	17 895	3 033	21 719	3 681	129 811	22 000
合计			18 075		3 603		4 306		5 216		31 200

8.5.2　间接费用分配的核算

建筑企业各月发生的间接费用,通过"工程施工——间接费用"账户归集后,月终时应在各成本核算对象之间进行分配。为了便于实际成本与预算成本相比较,间接费用在成本核算对象之间进行分配的方法,一般应与工程预算取费标准一致。如房屋建筑工程等建筑工程,以人工成本加施工机具使用费成本为基础进行分配;通用安装工程等安装工程,以人工成本为基础进行分配。

现以工程人工成本加施工机具使用费成本比例分配法为例,说明间接费用的分配方法。

设某建筑企业本月发生的间接费用为 123 501 元,各工程实际发生的人工成本加施工机具使用费成本见分配表,据以编制"间接费分配表",如表 8.8 所示。

表 8.8　间接费分配表

20××年 12 月

受益对象	分配基础	分配率/%	分配额
101#合同项目	602 749		89 388
203#合同项目	70 602		10 470
204#合同项目	62 417		9 256
302#合同项目	96 674		14 387
合计	832 442	14.83	123 501

　　根据上述措施费分配表和间接费分配表,即可在"工程施工"二级账户"建筑安装工程成本明细账"和按成本核算对象设置的"建筑安装工程成本卡"的"其他直接费用"和"间接费用"项目栏中登记其他直接费用和间接费用。

　　通过以上各成本项目的计算和分配,即可根据各成本项目的费用分配表,将建筑企业在一定会计期间发生的全部施工费用及各成本核算对象的实际成本,在建筑安装工程成本明细账、卡的有关成本项目栏进行登记。

8.6　工程成本明细账的设置和登记

　　为了便于组织建筑安装工程实际成本的核算,必须设置建筑安装工程成本明细账。工程成本明细账一般分设"建筑安装工程成本明细账"(二级账)和"建筑安装工程成本卡"(三级账),用以完整、准确、及时地记录全部或某项建筑安装工程在施工过程中发生的各项施工费用,全面反映承包工程施工过程中物化劳动和活劳动的消耗。

　　"建筑安装工程成本明细账"按建筑工程和设备安装工程分别设置二级账,用来登记建筑企业全部建筑工程及设备安装工程自年初起的施工工程成本数和按期计算确认的已完工程实际成本数,为考核和分析各期及全年全部工程成本的节超提供依据。该明细账应按成本项目设置专栏。

　　"建筑安装工程成本卡"按成本核算对象分成本项目开设,用来归集每一成本核算对象自开工到竣工所发生的全部施工费用。为了满足竣工成本决算的要求,以及工程竣工后成本分析的需要,"建筑安装工程成本卡"还应设置附页,其内容是人工、机械和材料消耗数量的计算和汇总。

　　工程成本明细账(二级账)和工程成本卡(三级账)中各成本项目的实际成本栏,登记全部承包工程及各工程每月发生和分配的各项施工费用,根据各成本项目费用分配表列示的数据登记。工程成本卡附页中人工、机械和材料用量,根据有关费用分配表中列示的人工用工数、工程使用主要机械台班数和重点核算主要材料用量填列。

　　"建筑安装工程成本明细账"与"建筑安装工程成本卡"的登记,原则上应根据有关记账凭证同时平行登记,即在登记"建筑安装工程成本明细账"的同时也要登记"建筑安装工程成本卡"。属于调账性质的经济业务,如月终办理假退料的已领未用材料,可只登记"建筑安装工程成本明细账",而不登记"建筑安装工程成本卡"。

　　根据前述资料登记的"建筑安装工程成本明细账"如表 8.9 所示,"建筑安装工程成本卡"如表 8.10 所示。

表8.9　建筑安装工程成本明细账

明细账户:建筑工程

| 20××年 | | 凭证号 | 摘要 | 直接费用 | | | | 间接费用 | 工程成本合计 | 工程价款收入 | 其中:预算成本 |
月	日			人工费	材料费	施工机具使用费	其他直接费				
11	30		期末已领未用材料								
11	30		期末未完工程成本								
12	31		人工费分配	741 342					741 342		
12	31		材料费分配		1 609 967				1 609 967		
12	31		租赁机械费分配			76 900			76 900		
12	31		自有机械费分配			11 500			11 500		
12	31		机械进出场费分配			2 700			2 700		
12	31		技术措施费分配				233 800		233 800		
12	31		施工组织措施费分配				31 200		31 200		
12	31		间接费用分配					123 501	123 501		
12	31		本期工程成本合计	741 342	1 609 967	91 100	265 000	123 501	2 830 910		
12	31		减:期末未完工程成本	700	3 442	100	382		4 624		
12	31		期末已领未用材料		52 200				52 200		
12	31		本期已完工程成本	740 642	1 554 325	91 000	264 618	123 501	2 774 086	3 237 748.96	2 960 908.08
12	31		自年初累计已完工程成本	4 527 035	13 288 240	605 000	583 125	843 690	19 847 090	22 385 614.70	20 454 584.00

表 8.10(1)　建筑安装工程成本卡

核算对象编号:204#合同项目　　　　　　　　　　　　本核算对象包括工程:

核算对象名称:办公楼　　　　　　合同预算造价:　　　建筑面积或实物工程量:1 500 m²

记账凭证			摘要	工程实际成本						工程价款收入	其中:预算成本
年	月日	号数		人工费	材料费	施工机具使用费	其他直接费	间接费用	合计		
	11 30		自开工累计	485 260	1 806 354	172 106	19 684	426 836	2 910 240	3 916 450.30	3 434 637.81
	12 31		人工费分配	61 415					61 415		
	12 31		材料费分配		101 312				101 312		
	12 31		自有机械费分配			840			840		
	12 31		进出场费分配			162			162		
	12 31		技术措施费分配				6 013		6 013		
	12 31		施工组织措施费分配				4 306		4 306		
	12 31		直接成本小计	61 415	101 312	1 002	10 319		174 048		
	12 31		间接费分配					9 256	9 256		
	12 31		本月合计	61 415	101 312	1 002	10 319	9 256	183 304	225 528.77	203 362.19
	12 31		自开工累计	546 675	1 907 666	173 108	30 003	436 092	3 093 544	4 141 979.07	3 638 000.00

表 8.10(2)　建筑安装工程成本卡

(附页)

项目	20××年											合计
	2 月	3 月	4 月	5 月	6 月	7 月	8 月	9 月	10 月	11 月	12 月	
一、人工(工日)	6 200	4 300	5 000	4 800	5 120	4 630	2 850	4 920	6 120	6 460	400	50 800
二、机械(台班)												
1.汽车	25	35	10	30	12	27	13	8	24	8		192
2.吊车						13	19	22	22	20		96
3.混凝土搅拌机	80	100	102	105	93	85	52	90	50	58	5	820
三、材料												
1.钢材/t	15	2	3	5	6		3	4	2			40
2.水泥/t	70	60	50	40	25	40	12	15	25	33	35	405
3.石灰/t		20	10	10	10	30	20	5	5	20	21	161
4.砖/千块	30	30	40	100	150	250	120	110	260	240		1 330
5.砂/t	400	200	100	100	70	100	90	100	180	150	120	1 610
6.碎石/t	400	20	30	50		20		100	100	70		790
7.块石/m³	100											100
8.混凝土构件/m³		5	5	10	20	15	15	25	27	30		152

表 8.10(3)　建筑安装工程成本卡

核算对象编号:101#合同项目　　　　　　　　　　　　　　　本核算对象包括工程:

核算对象名称:2#厂房　　　　　　　合同预算造价:　　　　建筑面积或实物工程量:

记账凭证			摘要	工程实际成本						工程价款收入	其中:预算成本
年月日		号数		人工费	材料费	施工机具使用费	其他直接费	间接费用	合计		
12 31			人工费分配	520 589					520 589		
12 31			材料费分配		1 270 390				1 270 390		
12 31			租赁机械费分配			72 500			72 500		
12 31			自有机械费分配			7 950			7 950		
12 31			进出场费分配			1 710			1 710		
12 31			技术措施费分配				223 600		223 600		
12 31			组织措施费分配				18 075		18 075		
12 31			直接成本小计	520 589	1 270 390	82 160	241 675		2 114 814		
12 31			间接费分配					89 388	89 388		
12 31			本月合计	520 589	1 270 390	82 160	241 675	89 388	2 204 202	2 552 920.53	2 342 974.69
12 31			自开工累计	520 589	1 270 390	82 160	241 675	89 388	2 204 202	2 552 920.53	2 342 974.69

表 8.10(4)　建筑安装工程成本卡

核算对象编号:203#合同项目　　　　　　　　　　　　　　　本核算对象包括工程:

核算对象名称:1#住宅楼　　　　　　　合同预算造价:　　　　建筑面积或实物工程量:

记账凭证			摘要	工程实际成本						工程价款收入	其中:预算成本
年月日		号数		人工费	材料费	施工机具使用费	其他直接费	间接费用	合计		
11 30			自开工累计	42 700	263 500	5 104	6 720	21 200	339 224	435 343.88	348 275.10
12 31			人工费分配	69 116					69 116		
12 31			材料费分配		90 372				90 372		
12 31			自有机械费分配			1 270			1 270		
12 31			进出场费分配			216			216		
12 31			技术措施费分配				1 327		1 327		
12 31			组织措施费分配				3 603		2 359		
12 31			直接成本小计	69 116	90 372	1 486	4 930		165 904		
12 31			间接费分配					10 470	10 470		
12 31			本月合计	69 116	90 372	1 486	4 930	10 470	176 374	199 597.84	178 440.27
12 31			自开工累计	111 816	353 872	6 590	11 650	31 670	515 598	634 941.72	526 715.37

表 8.10(5)　建筑安装工程成本卡

核算对象编号:302#合同项目　　　　　　　　　　　　　　本核算对象包括工程:

核算对象名称:配电房　　　　　　合同预算造价:　　　　建筑面积或实物工程量:

记账凭证			摘要	工程实际成本						工程价款收入	其中:预算成本
年	月	日 号数		人工费	材料费	施工机具使用费	其他直接费	间接费用	合计		
	11	30	自开工累计	64 030	465 300	37 200	28 600	45 620	640 750	790 831.78	632 657.42
	12	31	人工费分配	90 222					90 222		
	12	31	材料费分配		147 893				147 893		
	12	31	租赁机械费分配			4 400			4 400		
	12	31	自有机械费分配			1 440			1 440		
	12	31	进出场费分配			612			612		
	12	31	技术措施费分配				2 860		2 860		
	12	31	组织措施费分配				5 216		5 216		
	12	31	直接成本小计	90 222	147 893	6 452	8 076		252 643		
	12	31	间接费分配					14 387	14 387		
	12	31	本月合计	90 222	147 893	6 452	8 076	14 387	267 030	259 701.82	236 130.93
	12	31	自开工累计	154 252	613 193	43 652	36 676	60 007	907 780	1 050 533.60	868 788.35

本章小结

　　工程实际成本的核算,就是将工程施工过程中发生的施工费用,按各个成本项目进行归集和分配,从而计算出各成本核算对象在一定时期及自开工至竣工期间所发生的成本数。工程实际成本的核算包括人工费、材料费、施工机具使用费、其他直接费和间接费用的核算。

　　人工费的核算,就是把应计入工程成本的人工费,按照一定的程序和方法进行归集和分配,并计入各个成本核算对象中去。人工费分配计入成本核算对象的方法为:建安工人的计件工资直接计入受益成本核算对象;建安工人的计时工资、津补贴、奖金、短期带薪缺勤工资等,根据各工程的实际(或定额)用工数(计时或计时和计件工日合计数)进行分配,分别计入各受益成本核算对象;支付给劳务派遣公司的劳务费,按受益对象直接计入成本。

　　材料费的核算,就是把应计入工程成本的材料费,按照一定的程序和方法进行归集和分配,并计入各个成本核算对象中去。材料费分配计入成本核算对象的方法为:凡领料时能点清数量和分清用料对象的,根据领料凭证汇总后直接计入各成本核算对象;大堆材料、集中配料的材料等可按一定的方法分配计入各成本核算对象;工程竣工后的剩余材料,应办理退库手续,并冲转工程成本。

　　施工机具使用费的核算,就是将工程施工过程中使用施工机械和仪器仪表所发生的各项开支,按照一定的程序和方法进行归集和分配,并计入各个成本核算对象中。施工机具使用费计入成本核算对象的方法:租赁机械使用费可根据各工程的实际使用量进行分配,自有机械使用费可采用台班成本分配法等进行分配,分别计入各受益成本核算对象;支付的小型施工机械安装、拆卸和进出场费用,根据实际情况一次或分次摊销计入各受益成本核算对象。

其他直接费在发生的当时能确定受益对象的,直接计入受益成本核算对象;在发生的当时不能直接确定具体受益对象的,可采用人工加施工机具成本分配法、施工组织措施费预算成本分配法等进行分配,分别计入各成本核算对象。

间接费用于月终时可按以下方法分配计入成本核算对象:房屋建筑工程等建筑工程,可按人工成本加施工机具使用费成本的比例进行分配;通用安装工程等安装工程,可按人工成本的比例进行分配,分别计入受益成本核算对象。

通过以上各成本项目的计算和分配,即可根据各成本项目的费用分配表,将建筑企业在一定会计期间发生的全部施工费用及各成本核算对象的实际成本,在按规定设置的"建筑安装工程成本明细账"(二级账)和"建筑安装工程成本卡"(三级账)的有关成本项目栏中进行登记,从而提供成本管理所需要的会计信息。

复习思考题

8.1 什么叫工程实际成本核算? 组织工程实际成本核算有何意义?

8.2 什么叫工程成本计算对象? 工程成本计算对象是如何确定的?

8.3 根据现行制度的规定,工程成本项目包括哪些内容?

8.4 试说明人工费、材料费、施工机具使用费和其他直接费分配计入成本核算对象的方法。

8.5 间接费用是如何分配计入成本核算对象的?

8.6 核算工程实际成本需要设置哪些账、卡? 账、卡之间的关系如何?

8.7 练习人工费的核算。

1)资料:某建筑企业20××年9月人工费核算资料。

(1)根据"工资分配表"应付工资如下:

①计件工资360 000元,其中407#合同项目185 000元、201#合同项目106 000元、312#合同项目69 000元;

②计时工资224 000元;

③津补贴12 500元;

④奖金23 500元。

(2)施工用工资料如下表所示。

工程项目	计件工日	计时工日
407#合同项目	2 500	1 800
201#合同项目	1 000	900
312#合同项目	1 300	500

(3)根据清包工劳务结算清单,应付407#合同项目劳务费150 000元,201#合同项目60 000元。

2)要求:根据上述资料编制"人工费分配表"。

8.8　练习材料费的核算。

(1)资料:某建筑企业 20××年 9 月材料费核算资料。

①各工程领用钢材如下表所示。

工程项目	计量单位	数量	计划单价/元
407#合同项目	t	142	3 500
201#合同项目	t	16	3 500
312#合同项目	t	23	3 500

材料成本差异率为 1.5%。

②月末大堆材料盘点结果如下表所示。

材料名称	计量单位	计划单价	月初结存	本月收入	月末盘存
水泥	t	300	200	1 500	220
石灰	t	100	50		15
细砂	t	122	1 500	1 700	800
碎石	t	125	1 000	6 700	600
块石	m³	40	700	100	470
页岩空心砖	m³	210	50	1 000	150

材料成本差异率:砂石类材料 1.4%,硅酸盐类材料 1.2%。

材料定额耗用量资料如下表所示。

材料名称	计量单位	407#合同项目	201#合同项目	312#合同项目
水泥	t	1 150	150	200
石灰	t	20	30	
细砂	t	1 900	250	400
碎石	t	5 500	700	1 000
块石	m³	300		
页岩空心砖	m³	100	820	

③312#合同项目领用木材 3.5 m³,计划单价 850 元,材料成本差异率为−1.25%。

④本月玻璃配制情况如下表所示。

名称及规格	3 mm 玻璃/m²	5 mm 玻璃/m²	裁制后玻璃/m²
上月结存	1 000	1 500	
本月新领(配成)	500	100	1 630
月末盘存	700	600	1 000
本月耗用	800	1 000	630
计划单价	15	25	

玻璃耗用情况:201#合同项目 400 m², 312#合同项目 230 m²;材料成本差异率如上。

⑤其他主要材料领用计划成本:407#合同项目 11 200 元,201#合同项目 6 400 元,312#合同项目 5 000 元;材料成本差异率为 2.3%。

⑥结构件领用情况如下表所示。

工程项目	结构件名称	计量单位	数量	计划单价
407#合同项目	钢筋混凝土构件	m³	70	770
312#合同项目	钢结构件	t	30	7 000

材料成本差异率为 1%。

⑦辅助材料领用计划成本:407#合同项目 25 500 元,201#合同项目 2 500 元,312#合同项目 5 400 元;材料成本差异率为 2.7%。

(2)要求:

①根据上述资料,编制有关的材料耗用计算单;

②编制"材料费分配表"。

8.9 练习施工机具使用费的核算。

(1)资料:某建筑企业 20××年 9 月施工机具使用费核算资料。

①租赁机械费如下表所示。

工程项目	起重机/台班	推土机/台班	挖土机/台班	汽车/台班
407#合同项目	20	5	10	30
201#合同项目	7			
312#合同项目				20
结算单价/元	250	250	500	400

②自有机械费如下表所示。

工程项目	卷扬机/台班	混凝土搅拌机/台班	电焊机/台班	小型机械
407#合同项目	20	40	20	
201#合同项目	30	30	27	
312#合同项目		30	3	
作业成本/元	8 000	9 250	6 000	12 000

小型机械使用费按租赁机械使用费与自有机械使用费(已分配)的比例进行分配。

(2)要求:根据上述资料,编制"租赁机械使用费分配表"和"自有机械使用费分配表"。

8.10 练习其他直接费的核算。

(1)资料:某建筑企业 20××年 9 月其他直接费核算资料。

①技术措施费。

周转材料使用情况如下表所示。

工程项目	架料/t	木模/m³	钢模（原价）
407#合同项目	140	120	124 000
201#合同项目	60	30	
312#合同项目		50	60 000

架料可使用 24 个月,残值率为 4%,单价 3 800 元;木模可使用 8 次,残值率为 2%,本月使用 2 次,单价 1 100 元;钢模月折旧率为 5%。

②施工组织措施费。

a.发生工程定位复测费 14 320 元,款项尚未支付;

b.以银行存款支付检验试验费 12 300 元;

c.发生材料二次搬运人工费 4 200 元;

d.应付夜间施工照明费 6 100 元;

e.以现金支付建安工人夜间施工补助 3 000 元;

f.计提临时设施折旧费 10 000 元。

(2)要求:根据上述资料,编制"技术措施费分配表"和"施工组织措施费分配表",其中施工组织措施费分配方法为按人工成本加施工机具使用费成本的比例分配。

8.11　练习间接费用分配的核算。

(1)资料:某建筑企业 20××年 9 月份"间接费用"账户归集的间接费为 147 350 元,分配基础见本章练习题 8.7~8.10。

(2)要求:采用人工成本加施工机具使用成本分配法分配施工间接费用,并编制"间接费用分配表"。

8.12　练习工程成本明细账卡的登记。

(1)资料:某建筑企业 20××年 9 月工程成本明细账卡登记的资料。

①工程实际成本资料见本章习题 8.7—8.11;

②312#合同项目为 6 月 20 日开工、本月 30 日竣工,截至本月初为止累计发生的成本为:人工费 104 500 元、材料费 221 000 元、施工机具使用费 19 000 元、其他直接费 1 700 元、间接费 39 000 元;实际工料消耗:人工 1 300 工日、钢材 14 t、木材 30 m³、水泥 11 t、碎石 200 t、细砂 600 t、块石 300 m³、石灰 50 t;挖土机 10 台班、汽车 20 台班、混凝土搅拌机 100 台班。

③截至本月初自年初累计已完工程成本为:人工费 6 623 740 元,材料费 15 434 620 元,施工机具使用费 183 760 元,其他直接费 62 354 元,间接费用 932 617 元。

(2)要求:

①根据上述资料,设置和登记"建筑安装工程成本明细账"和"建筑安装工程成本卡"及附页;

②结出本月发生额和累计发生额及余额。

第9章　工程成本结算与决算

建筑企业对建筑安装工程成本应按期进行结算,以反映各期工程成本的节超情况,便于考核各个时期施工生产的经济效益。承包工程竣工以后,还应及时办理竣工成本决算,以反映承包工程在整个施工过程中的经济效果,借以总结工程施工管理经验,促使企业经营管理水平的不断提高。为此,工程成本结算与决算应完成如下任务:正确计算各会计期已完工程预算成本与实际成本,以反映成本的节超情况;承包工程竣工以后,及时办理工程竣工成本决算,以反映该工程的施工管理情况。

9.1　工程成本结算的意义和程序

9.1.1　工程成本结算及其意义

工程成本结算是指计算和确认各个会计期间的已完工程预算成本和实际成本,以及成本的节超情况,从而为考核工程成本任务的完成情况提供依据。

建筑企业之所以要办理工程成本结算,主要是由于建筑安装工程的施工具有长期性的特点,一项工程从开工到竣工,短则数月,长则数年,如果等到承包工程竣工后再办理成本结算,就不能及时反映各个时期工程成本的节超情况和降低成本任务的完成情况。因此,必须定期办理工程成本结算,计算各个时期的已完工程预算成本、实际成本与成本降低额,以反映各个时期成本计划的完成情况,并查明人工费、材料费、施工机具使用费、其他直接费和间接费用的节超情况和原因,促使建筑企业不断改进管理工作,保证工程成本的降低。

9.1.2　工程成本结算的程序

工程成本结算的程序如下:

1)计算已完工程预算成本

已完工程预算成本是指按照已完工程实物量与预算单价计算的工程成本,它是考核已完工程成本节超的依据。

所谓已完工程,是指已经完成工程施工定额所规定的全部工作内容的分部分项工程,对单位工程来说虽未竣工,不具有完整的使用价值,但对于建筑企业来说已不需要再进行施工活动,如土石方、打桩、砌筑工程等。已完工程由于不再需要进行施工作业,故作为建筑企业的"产成品",已可确定工程数量和工程质量,计算它的预算成本和预算造价,作为考核工程成本和向发包单位办理工程进度款结算的依据。

2)计算已完工程实际成本

为了便于与已完工程预算成本对比,还应计算已完工程实际成本。

由于通过前述各成本项目的归集和分配,登记在工程成本明细账借方的发生额并非为本月已完工程的成本,而是本月发生的施工费用,所以要计算本月已完工程成本,应将本月发生的施工费用加期初未完工程成本,然后在本期施工的全部工程(已完工程和未完工程)之间进行分配,以求得本月已完工程成本。其关系可用下式表示:

$$\frac{\text{月初未完}}{\text{工程成本}} + \frac{\text{本月发生}}{\text{施工费用}} = \frac{\text{本月已完}}{\text{工程成本}} + \frac{\text{月末未完}}{\text{工程成本}}$$

由上式可见,只要计算出月末未完工程成本,就可据以计算本月已完工程成本。

3)计算工程成本的节超额

通过上述计算,将已完工程预算成本与实际成本对比,就可以计算和确认各个时期的工程成本的节超额,从而为工程成本的分析和考核提供依据。

9.2 工程预算成本的计算

9.2.1 工程预算成本计算的依据

工程预算成本是根据已完工程实物量和预算单价(或中标单价)等资料计算的。因此,工程预算成本的计算依据主要有:

1)已完工程结算表

已完工程结算表是一种基层统计报表,一般于月终时由预算部门根据实际验收的已完工程数量、预算单价(或中标单价)和费用定额等有关资料计算、编制而成。它既是统计完成工程量、施工产值和工程预算成本计算的依据,也是与发包单位办理工程进度款结算的依据。因此,建筑企业必须正确、及时地填报,不得漏报或多报。其格式举例如表9.1所示。

2)建筑安装工程计价定额

建筑安装工程计价定额是编制工程预算、标底,统计报量和工程预算成本计算的依据,各地区都有统一的规定。根据建筑安装工程的组成内容,计价定额主要包括建筑工程计价定额、装饰工程计价定额、市政工程计价定额和安装工程计价定额等。

表 9.1 已完工程结算表

发包单位：   20××年12月

定额编号	工程名称及费用项目	计量单位	实物工程量	预算单价	金额
	一、101#合同项目				
AA0008	人工挖柱基土方	100 m³	25	5 443.00	136 075.00
AE0003	柱基 C20 混凝土垫层	10 m³	20	3 466.02	69 320.40
AE0011	柱基 C20 混凝土	10 m³	300	3 515.63	1 054 689.00
AE0178	柱基钢筋制安	t	81.2	3 935.66	319 575.59
AE0211	预制 C30 工字柱	10 m³	25	4 054.04	101 351.00
AE0178	工字柱钢筋制安	t	35.2	3 935.66	138 535.23
AE0212	预制 C30 屋面梁	10 m³	7	3 992.46	27 947.22
AE0178	屋面梁钢筋制安	t	14	3 935.66	55 099.24
AE0193	工字柱、屋面梁铁件制安	t	2.1	5 753.73	12 082.83
AE0249	工字柱模板	10 m³	25	5 260.49	131 512.25
AE0252	屋面梁模板	10 m³	7	3 742.68	26 198.76
	小　计				2 072 386.52
	其中:人工费加机具费				665 016.95
	加:组织措施费(7.9%)				52 536.34
	一般风险费(1.5%)				9 975.25
	规费(10.32%)				68 629.75
	建设工程竣工档案编制费(0.48%)				3 192.08
	间接费(现场管理费)*(7.83%)				52 070.83
	合　计				2 258 790.77
	加:企业管理费(18.27%)				121 498.60
	利润(13.3%)				88 447.25
	工程造价(不含税)				2 468 736.62
	加:安全文明施工费(3.41%)				84 183.92
	工程价款收入				2 552 920.54
	其中:预算成本合计				2 342 974.69
	二、203#合同项目				
	⋮				
	工程价款收入(不含税)				199 597.84
	其中:预算成本合计				178 440.27
	三、204#合同项目				
	⋮				
	工程价款收入(不含税)				225 528.77
	其中:预算成本合计				203 362.19

续表

定额编号	工程名称及费用项目	计量单位	实物 工程量	预算单价	金额
	四、302#合同项目 ⋮ 　工程价款收入(不含税) 其中:预算成本合计				259 701.82 236 130.93
	五、工程价款收入总计(不含税) 其中:预算成本合计				3 237 748.96 2 960 908.08

＊假设间接费占企业管理费取费标准的30%。

3) 人工、材料、机械台班市场价

由于建筑安装工程计价定额是按人工、材料、机械台班的预算单价计算、确定工程的预算价值,所以还应按承、发包双方认定的人工、材料、机械台班价格对原有的预算价值进行调整,将建筑安装工程的定额价调整为市场价,以便办理工程价款的结算。

实行"工程量清单"计价的,则直接以中标单价作为预算成本计算的依据。

9.2.2　工程预算成本的计算方法

已完工程预算成本是根据"已完工程结算表"所确定的已完工程实物量、分部分项工程预算(或中标)单价和间接费用标准及人工、材料、机械台班价差等计算的。其计算公式是:

$$\text{已完工程预算成本} = \sum \left(\text{本月完成的实物工程量} \times \text{预算单价} \right) + \sum \left(\text{取费基础} \times \text{其他直接费与间接费率} \right) + \text{人工、材料、机械台班价差}$$

为了便于成本的分析和考核,还应按成本项目计算分项预算成本。已完工程的分项预算成本根据建筑企业的部门分工情况,由预算人员或其他有关人员计算。其计算方法有以下两种:

①按已完工程实物工程量、分部分项工程预算单价和其他直接费与间接费标准计算。采用这种方法,通常是根据实际完成的实物工程量,逐项查找建筑安装工程基价(或施工图预算、工程量清单所列单价),加以分析计算,求得人工费、材料费和施工机具使用费的预算成本,然后再加上一定比例的其他直接费和间接费,求得其他直接费和间接费预算成本,从而计算出已完工程分项预算成本及总成本。

根据现行预算定额的规定,工程预算成本除上述各项费用外,还应包括其他工程费,主要有人工价差调整、材料价差调整、机械台班价差调整。人工价差调整直接归并入人工费预算成本;材料价差调整直接归并入材料费预算成本;机械台班价差调整直接归并入施工机具使用费预算成本。

已完工程分项预算成本的计算,在实际工作中是通过编制"预算成本计算表"进行的。根据当月的"已完工程结算表"编制的"预算成本计算表"举例如表9.2所示。

表 9.2 预算成本计算表

20××年12月

发包单位：

定额编号	工程名称及费用分项目	计量单位	实物量	预算单价	金额	人工费单价	人工费金额	材料费单价	材料费金额	施工机具使用费单价	施工机具使用费金额	其他直接费	间接费用
	一、101#合同项目												
AA0008	人工挖柱基土方	100 m³	25	5 443.00	136 075.00	5 443	136 075.00						
AE0003	柱基C20混凝土垫层	10 m³	20	3 466.02	69 320.40	884.35	17 687.00	2 380.93	47 618.60	200.74	4 014.80		
AE0011	柱基C20混凝土	10 m³	300	3 515.63	1 054 689.00	900.45	270 135.00	2 357.21	707 163.00	257.97	77 391.00		
AE0178	柱基钢筋	t	81.2	3 935.66	319 575.59	802.80	65 187.36	3 079.76	250 076.51	53.10	4 311.72		
AE0211	预制 C30 工字柱	10 m³	25	4 054.04	101 351.00	1 152.30	28 807.50	2 681.99	67 049.75	219.75	5 493.75		
AE0178	工字柱钢筋	t	35.2	3 935.66	138 535.23	802.80	28 258.56	3 079.76	108 407.55	53.10	1 869.12		
AE0212	预制 C30 屋面梁	10 m³	7	3 992.46	27 947.22	989.60	6 927.20	2 688.01	18 816.07	314.85	2 203.95		
AE0178	屋面梁钢筋	t	14	3 935.66	55 099.24	802.80	11 239.20	3 079.76	43 116.64	53.10	743.40		
AE0193	柱、梁铁件	t	2.1	5 753.73	12 082.83	1 824.00	3 830.40	3 528.78	7 410.44	400.95	842.00		
AE0249	工字柱模板	10 m³	25	5 260.49	131 512.25							131 512.25	
AE0252	屋面梁模板	10 m³	7	3 742.68	26 198.76							26 198.76	
	小　计				2 072 386.52		568 147.21		1 249 658.56		96 869.74	157 711.01	
	其中：人工费加机具费				665 016.95								
	加：组织措施费				52 536.34							52 536.34	
	一般风险费				9 975.25							9 975.25	
	规费				68 629.75								68 629.75
	建设工程竣工档案编制费				3 192.08							3 192.08	
	间接费用				52 070.83								52 070.83
	安全文明施工费				84 183.92							84 183.92	
	预算成本合计				2 342 974.69		568 147.21		1 249 658.56		96 869.74	307 598.60	120 700.58
	二、203#合同项目 ……												
	预算成本合计				178 440.27		61 345.31		96 435.15		5 672.66	7 442.52	7 544.63
	三、204#合同项目 ……												
	预算成本合计				203 362.19		63 546.70		115 252.95		6 667.35	8 886.63	9 008.56
	四、302#合同项目 ……												
	预算成本合计				236 130.93		66 352.21		139 749.79		8 220.10	10 875.43	10 933.40
	预算成本总计				2 960 908.08		759 391.43		1 601 096.45		117 429.85	334 803.18	148 187.17

②按各类工程预算成本的综合分项比例进行计算。综合分项比例是根据地区预算定额和企业施工工程的实际情况测定的。现列示某建筑企业测定的一般土建工程预算成本综合分项比例如表9.3所示。

表9.3　预算成本综合分项比例测定表

人工费	材料费	施工机具使用费	其他直接费	间接费用	合计
23%	62%	5.6%	3.9%	5.5%	100%

按预算成本综合分项比例计算各成本项目预算成本的计算公式为：

某分项预算成本＝预算成本总额×该项目占预算总成本的百分比

采用这种方法计算分项预算成本，计算比较简便，但由于同类工程中分部分项工程预算定额的各成本项目比重有较大差异，而且建筑企业各个时期的施工工程内容也不可能相同，因此按上述方法计算的各成本项目的预算成本就不可能十分准确。对于条件具备的单位，还是采用第一种方法较好；条件不具备的单位，除重点工程按第一种方法计算外，其他一般工程可采用第二种方法以简化计算。

9.3　已完工程实际成本的计算

前已述及，要计算已完工程实际成本，必须先计算未完工程成本，因此本节先介绍未完工程成本的计算方法，然后再介绍已完工程实际成本的计算。

9.3.1　未完工程成本的计算

未完工程又称未完施工，是指已经投料施工，但尚未完成预算定额规定的全部工序和内容，不能办理工程价款结算的分部分项工程。如抹灰工程，按预算定额规定应抹3遍，如果在本期只抹了2遍，就称为未完工程或未完施工。未完工程成本可按预算单价进行计算，也可按实际成本进行计算，现分别进行介绍。

1)按预算单价计算

未完工程成本按预算单价计算，一般可采用以下几种方法：

(1)估量法(约当产量法)

估量法指对未完工程工程量，估计其完成程度，折合为已完工程数量(约当产量)，然后乘以分部分项工程的预算单价即可求出未完工程成本。其计算公式为：

$$未完工程成本＝\frac{未完工程}{工程数量}×\frac{估计完}{成程度}×\frac{分部分项工}{程预算单价}$$

【例9.1】　某建筑企业担负某工程木门窗油漆工程施工任务，预算定额规定为3遍油成活，本月已刷2遍，已完工序数量为480 m²，预算单价为8.10元。则未完工程成本计算如下：

$$未完工程成本＝480 \text{ m}^2×2/3×8.10 \text{ 元/m}^2＝2\,592 \text{ 元}$$

（2）估价法

估价法是指将预算单价根据分部分项工程内各个工序的比重，按扩大工序的原则加以适当划分，求出每个扩大工序的预算单价，然后乘以未完工程数量，即可求出未完工程成本。其计算公式为：

$$工序单价 = 分部分项工程预算单价 × 某工序占分部分项工程的比重$$

$$未完工程成本 = \sum （未完工序工程量 × 工序单价）$$

【例9.2】 某建筑企业承包某项工程，该工程的某分部分项工程由甲、乙两道工序组成，各工序占该分部分项工程的比重分别为70%、30%，该分部分项工程的预算单价为20元；本月月末经盘点，完成甲工序500 m²、乙工序300 m²。则未完工程成本计算如下：

甲工序单价 = 20 元/m² × 70% = 14 元/m²

乙工序单价 = 20 元/m² × 30% = 6 元/m²

未完工程成本 = 500 m² × 14 元/m² + 300 m² × 6 元/m² = 10 800 元

（3）直接法

直接法是指直接根据未完工程已经投入的人工、材料和机械设备台班数量分别乘以其预算单价，来计算未完工程成本。其计算公式为：

$$未完工程成本 = 投入人工工日 × 人工预算单价 + \sum 投入材料数量 × 材料预算单价 + \sum 投入机械台班 × 机械台班预算单价$$

按预算价格计算未完工程成本，计算手续比较简便，但与实际有出入。

2）按实际成本计算

如果未完工程在当月工作量中所占比重较大，而且期初期末数相差又比较大，若把月末未完工程的预算成本视同实际成本来计算已完工程的实际成本，就会影响成本核算结果的准确性。为了合理确定已完工程实际成本，未完工程成本还是应当采用实际成本进行计算。其计算公式为：

$$未完工程成本 = \frac{本期实际发生施工成本 + 期初未完工程成本}{本期已完工程数量 + 期末未完工程折合量} × 期末未完工程约当产量$$

【例9.3】 某分部分项工程由甲、乙、丙三道工序组成，各道工序占该分部分项工程的比重分别为50%、30%、20%；月末经过盘点，完成已完工程数量800 m²，未完工程数量为：甲工序100 m²、乙工序50 m²、丙工序20 m²；本月该分项工程实际发生的施工成本9 035元，月初无未完工程。根据上述资料，可计算如下：

期末未完工程约当产量 = 100 m² × 50% + 50 m² × 30% + 20 m² × 20% = 69 m²

$$未完工程成本 = \frac{9\ 035 元}{800\ m² + 100\ m² × 50\% + 50\ m² × 30\% + 20\ m² × 20\%} × 69\ m² = 717\ 元$$

凡能取得分部分项工程实际成本资料的建筑企业，都应采用此方法计算未完工程成本。

如果分部分项工程实际发生的施工费用无法取得，可按本月已完工程的预算成本与月末未完工程的预算成本为标准来分配、计算未完工程实际成本。其计算公式如下：

$$某工程本月未完工程实际成本 = \frac{该工程月初未完工程成本 + 本月发生的施工费用}{该工程本月已完工程预算成本 + 月末未完工程预算成本} × 该工程本月未完工程预算成本$$

未完工程成本的计算方法一经确定，就不能随意变动，以保证各期成本计算口径的统一，便于进行成本分析。

期末未完工程的盘点和估价,一般由基层建筑企业于期末时进行实地盘点,并编制"未完工程盘点表",然后移交给会计人员,作为未完工程成本计算的依据。其格式举例如表 9.4 所示。

表 9.4　未完工程盘点表

20××年 12 月

单位工程名称	分部分项工程		到期末已做工序					其中:分项成本			
	名称	预算单价	名称或内容	占分项工程/%	已做数量	折合已完工程数量	应计价值	人工费	材料费	施工机具使用费	其他直接费
甲	乙	1	2	3	4	5＝3×4	6＝5×1	7	8	9	10
302#合同项目	门窗刷漆	8.10	已刷 2 遍打底	67	480	320	2 592	450	2 142		
	内墙抹灰	6.60		50	500	250	1 650	250	1 300	100	
小计							4 242	700	3 442	100	
其他直接费							382				382
合计							4 624	700	3 442	100	382

根据表 9.4 可据以登记"建筑安装工程成本明细账"(二级账)。

9.3.2　已完工程实际成本的计算

期末未完工程成本确定以后,即可根据下式计算确定本期已完工程实际成本:

$$\text{已完工程实际成本} = \text{期初未完工程成本} + \text{本期实际发生工程成本} - \text{期末未完工程成本}$$

从上式可以看出,本期已完工程成本包括期初未完工程成本,但不包括期末未完工程成本;本期工程成本包括期末未完工程成本,但不包括期初未完工程成本。它们之间的关系如图 9.1 所示。

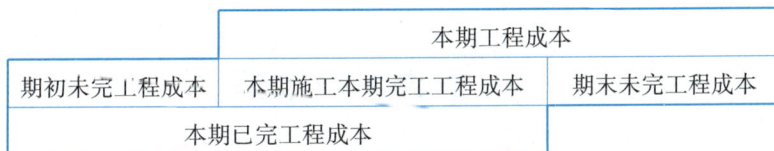

	本期工程成本		
期初未完工程成本	本期施工本期完工工程成本		期末未完工程成本
本期已完工程成本			

图 9.1　工程成本关系图

如果存在已领未用材料的情况,已完工程实际成本应按下式计算:

$$\text{本期已完工程实际成本} = \text{期初未完工程成本} + \text{期初已领未用材料} + \text{本期实际发生工程成本} - \text{期末未完工程成本} - \text{期末已领未用材料}$$

已领未用材料是指已开领料单领出但未耗用的材料。为了正确反映当月的已完工程实际成本数,便于成本的分析和考核,月末时应对已领未用材料进行盘点,填制"已领未用材料盘点单",据以办理"假退料"手续,并作为已完工程实际成本计算的依据。"已领未用材料盘点单"的格式如表 9.5 所示。

表 9.5 已领未用材料盘点单

工程名称:101#合同项目　　　　　20××年 12 月

材料名称	规格	计量单位	期末盘点数	单价	金额
圆钢		t	16	3 000	48 000
螺纹钢		t	1	3 300	3 300
木材		m³	1		900
合计					52 200

通过上述月末未完工程成本和已领未用材料成本的计算,就可以计算本月已完工程的实际成本。

已完工程实际成本的计算,一般应通过编制"已完工程成本计算表"进行,其格式如表 9.6 所示。

表 9.6 已完工程成本计算表

20××年 12 月

工程名称	期初未完工程成本	期初已经未用材料	本期工程实际成本	期末未完工程成本	期末已领未用材料	本期已完工程成本
甲	1	2	3	4	5	6=1+2+3-4-5
101#合同项目			2 204 202		52 200	2 152 002
203#合同项目			183 304			183 304
204#合同项目			176 374			176 374
302#合同项目			267 030	4 624		262 406
合计			2 830 910	4 624	52 200	2 774 086

根据上述已完工程成本计算表,即可据以登记"建筑安装工程成本明细账",登记结果如表 8.9 所示。

9.4　工程成本决算

9.4.1　工程成本决算的意义

工程成本决算是指建筑企业承包建设的合同项目竣工以后,本着"工完账清"的原则,在取得竣工单位工程的验收签证后,及时编制合同项目竣工决算表,为分析考核竣工工程成本节超提供依据,从而结束工程成本的核算工作。

通过办理工程成本决算,就可以了解各个合同项目在整个施工活动过程中工程成本的状况和结果,及时总结工程的施工管理经验,找出存在的问题,从而促使建筑企业改进施工和管理工作,努力降低工程成本,不断提高企业的经济效益。

9.4.2　办理工程成本决算应做好的几项工作

为了正确反映竣工的合同项目的施工活动情况,在办理工程成本决算时,应做好以下几项工作:

1)检查工程实际成本是否正确完整

在计算竣工的合同项目成本时,必须保证其正确完整。为此,要检查工程完工后现场剩余材料是否已办理清点退库或在工号之间的转移手续;检查发包单位的供料、供水和供电等是否已全部入账;检查是否将不应计入成本的开支也计入工程成本等。

2)检查工程预算造价是否正确完整

根据竣工的合同项目实际完成的工程量和有关记录,检查工程预算有无漏项和计算上的错误;检查工程设计变更、材料代用、材料价差等施工变化情况,是否与发包单位按照施工合同规定办理签证手续和追加预算手续,以落实预算成本和工程造价。

9.4.3　工程成本决算的方法和程序

工程成本决算的方法和程序如下:

①合同项目竣工后,应根据施工图预算(或工程量清单)和工程设计变更、材料代用等有关签证资料,及时编制工程结算书,据以确定竣工的合同项目预算成本并作为向发包单位办理工程价款结算的依据;

②结算建筑安装工程成本卡,归集竣工的合同项目自开工至竣工的累计实际成本,与预算成本相比较,计算成本降低额,并编制竣工合同项目"竣工成本决算表";

③竣工的合同项目成本卡应于竣工当月抽出,连同工程结算书、竣工成本决算和有关分析资料合并归档保管,建立工程经济技术档案,以便日后查考。

9.4.4　竣工成本决算表的编制

假设某建筑企业承包的某建设单位204#合同项目办公楼工程已竣工,根据有关资料编制的竣工成本决算表如表9.7所示。

表9.7　竣工成本决算表

发包单位:某建设单位　　　　　　　　　　　　　　　　工程名称:办公楼
建筑面积或实物量:1 500 m²　　　　　　　　　　　　开工日期:2月10日
工程结构:混合　　　　　　　　　　　　　　　　　　竣工日期:12月24日
层数:5　　　　　　　　　　　　　　　　　　　　　合同预算造价:4 460 000 元

成本项目	预算成本	实际成本	降低额	降低率/%	简要分析及说明
人工费	538 200	546 675	−8 475	−0.2	单方成本:
材料费	2 375 256	1 907 666	467 590	19.7	预算 2 425
施工机具使用费	215 280	173 108	42 172	19.6	实际 2 062
其他直接费	28 704	30 003	−1 299	−0.05	单方用工:
间接费用	480 560	436 092	44 684	9.2	预算10.5 实际10.2
合计	3 638 000	3 093 544	544 456	14.9	

工、料、机械的用量比较

项目	单位	预算用量	定额用量	实际用量	节(+)超(−)	节超率/%
一、人工	工日	52 587	45 700	51 200	+1 387	+2.6
二、机械						
汽车	台班	190	175	192	−2	−0.1
吊车	台班	105	90	96	9	+9
搅拌机	台班	900	870	820	+80	+8.9
三、材料						
钢材	t	42	35	40	+2	+4.8
水泥	t	440	400	405	+35	+7.9
石灰	t	150	143	161	−11	−7.3
砖	千块	1 380	1 320	1 330	+50	+3.6
砂	t	1 670	1 550	1 610	+60	+3.6
碎石	t	800	780	790	+10	+1.3
块石	m³	110	100	100	+10	+9.1
构件	m³	155	150	152	+3	+1.9

上述"竣工成本决算表"的编制方法为：

①"预算成本"栏内各项数字,根据工程结算书或调整后的施工图预算分别填列。

②"实际成本"栏内各项数字,根据建筑安装工程成本卡的记录填列。

③工、料和机械用量比较中的"预算用量"栏按工程预算所列数量填列;"定额用量"栏指按施工定额计算或降低成本计划的用量,哪项做了就填哪项,以供分析参考;"实际用量"栏根据建筑安装工程成本卡(附页)的有关记录填列;节、超数＝预算用量−实际用量。

本章小结

　　工程成本结算是为考核建筑企业一定会计期间的工程成本节超及成本计划的完成情况提供依据,因此要正确计算各个会计期的已完工程预算成本和实际成本。

　　已完工程预算成本是根据已完工程实物量和预算单价计算的工程成本。已完工程预算成本的计算方法有两种:一是根据已完工程实物量、预算单价和间接费用标准等进行计算;二是根据预算成本的综合分项比例进行计算。

　　要计算已完工程实际成本,先要计算未完工程成本。未完工程成本可采用预算单价计算,方法有估量法、估价法和直接法;也可按实际成本计算。未完工程成本可通过"未完工程盘点表"进行计算。未完工程成本计算结束后,可按下式计算已完工程实际成本:已完工程实际成本=期初未完工程成本+本期发生的施工费用-期末未完工程成本。如在月末存在已领未用的材料,在计算已完工程实际成本时,还应冲减已领未用材料成本(期初加计)。已完工程实际成本可通过"已完工程成本计算表"进行计算。

承包工程竣工以后,建筑企业应及时办理工程成本的决算工作,从而为分析竣工工程成本节超提供依据,并结束工程成本核算工作。办理工程成本决算是在核实工程实际成本和预算造价的基础上,通过编制"竣工成本决算表"进行的。竣工成本决算表详细反映工程的预算成本、实际成本和成本的节超情况,以及工、料、机械预算用量和实际用量的对比。竣工成本决算表应与工程成本卡等资料合并归档保管,建立工程经济技术档案。

复习思考题

9.1 什么叫已完工程和未完工程?如何计算已完工程预算成本和实际成本?

9.2 竣工成本决算的意义是什么?

9.3 如何办理合同项目竣工成本决算?

9.4 练习预算成本的计算。

(1)资料:某建筑企业 20××年 9 月承包工程预算成本计算资料。

①根据"已完工程结算表"确定的本月已完工程预算成本:407#合同项目 2 684 300 元,201#合同项目 771 230 元,312#合同项目 735 440 元。

②根据历史资料测算的综合分项预算成本的比例:人工费占总成本的 21.4%,材料费占总成本的 60%,施工机具使用费占总成本的 5%,其他直接费占总成本的 7%,间接费占总成本的 6.6%。

(2)要求:根据上述资料,编制"预算成本计算表",计算已完工程分项预算成本。

9.5 练习未完工程成本的核算。

(1)资料:某建筑企业 20××年 9 月有关未完工程成本核算资料。

①承包的 201#合同项目,月末有 9 200 m² 的砖内墙抹水泥砂浆工程,按预算定额的规定应该抹两遍,预算单价为 7.32 元。月末盘点时只抹了一遍。

②承包的 407#合同项目某分部分项工程的分项单价是 4.12 元/m²,分 3 道工序完成,工序价格比重为 2∶3∶5。月末盘点时,该分项工程已完第一道工序为 500 m²,第二道工序为 300 m²,第三道工序为 100 m²。

③承包的 407#合同项目某分部分项工程材料成本占的比重较大,月末盘点时确定的材料数量为:水泥 20 t,砂 30 t,碎石 80 t,钢筋 10 t;材料预算单价为:水泥 300 元,砂 122 元,碎石 125 元,钢筋 3 500 元。

(2)要求:

①根据资料 1 采用估量法计算未完工程成本;

②根据资料 2 采用估价法计算未完工程成本;

③根据资料 3 采用直接法计算未完工程成本。

9.6 练习已完工程实际成本的核算。

（1）资料：某建筑企业20××年9月已完工程实际成本核算资料。

①本月发生的工程实际成本资料见第8章有关习题。

②本月未完工程成本资料见本章习题9.5。

③已领未用材料如下表所示。

项目	材料名称	计量单位	数量	单价/元
407#合同项目	钢材	t	10	3 500
201#合同项目	水泥	t	20	300

（2）要求：根据上述资料，计算已完工程实际成本。

9.7 练习工程成本竣工决算表的编制。

（1）资料：某建筑企业20××年9月312#合同项目竣工，工程成本竣工决算资料。

①实际成本资料见第8章有关习题。

②预算成本资料：人工费218 700元，材料费797 100元，施工机具使用费28 400元，其他直接费22 100元，间接费60 320元；工程预算用量：用工3 300工日，钢材35 t，木材30 m³，水泥220 t，碎石1 200 t，砂子1 100 t，块石320 m³，石灰50 t；挖土机12台班，汽车50台班，混凝土搅拌机150台班。

（2）要求：根据上述资料，编制"竣工成本决算表"。

第 10 章　工程成本会计报表的编制与成本分析

工程成本会计报表是以日常核算资料为依据编制的,是反映建筑企业在一定时间(期)内的工程成本构成及升降情况的报告文件,它是工程成本会计的一项重要内容。通过工程成本会计报表,可以全面反映企业的成本状况,为企业提供经营决策需要的各种会计信息,并为财务报表的汇编提供依据;可以正确反映工程成本的升降情况和变动趋势,为工程成本的分析和考核提供依据,有利于及时总结工程施工过程中的经验教训,以便采取措施改进施工与管理工作;同时还可以明确各责任单位的业绩和责任,有利于巩固企业内部的经营责任制和经济核算制。因此,工程成本会计报表的任务是:根据企业的有关规定,正确、及时地编制各种会计报表,并按时报送给报表使用者;根据会计报表提供的有关资料,组织工程成本分析,总结施工管理的经验教训,不断提高施工生产的管理水平。

10.1　工程成本会计报表的种类和编制要求

10.1.1　工程成本会计报表的种类

1) 按工程成本会计报表反映的经济内容的不同分类

按工程成本会计报表反映的经济内容的不同,可分为:

①工程成本表。工程成本表是反映工程成本的构成及升降情况的报表,如工程成本表、竣工工程成本表等。

②间接费用表。间接费用表是反映间接费用的构成及升降情况的报表,如间接费用明细表。

2) 按工程成本会计报表编制时期的不同分类

工程成本会计报表按其编制时期的不同,可分为:

①月报。月报是按月编制的,反映企业一个月的成本情况的报表。

②季报。季报是按季编制的,反映企业一个季度的成本情况的报表。

③年报。年报是年终决算报表,反映建筑企业全年的成本情况的报表。

3) 财务情况说明书

为了分析建筑企业财务成本计划的执行情况,指出今后加强施工生产管理的具体措施和意见,建筑企业在编制季度、年度工程成本会计报表的同时,还应编制"财务情况说明书"。该说明书应主要说明建筑企业的施工生产经营状况、成本计划的完成情况、成本的构成和节超情况,以及提高资金使用效果、降低成本的主要措施和意见。

工程成本会计报表的种类、格式、编制方法和报送日期等,应由企业内部的会计制度作统一规定。

10.1.2　工程成本会计报表的编制要求

为了保证工程成本会计报表的质量,在编制报表时,应遵循以下编制要求:

(1) 内容完整

应按照企业内部会计制度规定的报表种类、格式和内容填报,不得漏编或漏报;各种报表中的项目和补充资料,也应填写齐全,同时还应按规定编制"财务情况说明书"。

(2) 数字准确

报表中的数据必须真实、准确、可靠。为此,在编制报表前应做好以下各项准备工作:做好资产清查;认真核对账目,结清账项;做到账证、账卡、账实相符。编制报表后还应检查账表是否相符,表表是否相符。只有这样,才能保证报表中的数据和各项指标准确可靠。

(3) 报送及时

报表的时效性很强,必须在规定的期限内迅速编制、及时报送,以满足使用者的要求,才能充分发挥成本会计报表的作用。

10.2　成本报表编制

10.2.1　工程成本表

工程成本表是反映建筑企业在一定时期(月份、季度、年度)内已完工程成本情况的会计报表。通过该表提供的资料,可以了解建筑企业已完工程的成本构成及升降情况,有利于考核成本计划的执行情况和结果。

工程成本表按工程成本项目分列,分别反映本期及本年各成本项目及总成本的预算数、实际数、降低额和降低率。其格式如表10.1所示。

工程成本表的编制方法说明如下:

(1) 预算成本

预算成本是指已完工程的预算成本,根据实际完成的工程量按照施工图预算所列单价、其他直接费和间接费用取费标准或中标单价等计算填列。具体可直接根据预算成本计算表中有关数据填列。

表 10.1　工程成本表

编报单位:某施工单位　　　　　　　　　　　20××年 12 月　　　　　　　　　　　金额单位:元

成本项目	本期数				本年累计数			
	预算成本	实际成本	降低额	降低率/%	预算成本	实际成本	降低额	降低率/%
人工费	759 391.43	740 642	18 749	2.5	4 704 554	4 527 035	177 519	3.8
材料费	1 601 096.45	1 554 325	46 771	2.9	12 681 842	13 288 240	−606 398	−4.8
施工机具使用费	117 429.85	91 000	26 430	22.5	1 145 456	605 000	540 456	47.2
其他直接费	334 803.18	264 618	70 185	20.9	797 728	583 125	214 603	26.9
工程直接成本	2 812 720.91	2 650 585	162 135	5.8	19 329 580	19 003 400	326 180	1.7
间接费用	148 187.17	123 501	24 686	16.7	1 125 004	843 690	281 314	25.0
工程总成本	2 960 908.08	2 774 086	186 821	6.3	20 454 584	19 847 090	607 494	2.97

(2)实际成本

实际成本是指已完工程的实际成本,根据建筑安装工程成本明细账中有关数据填列。

(3)降低额

降低额为预算成本减去实际成本的差额,如为负数,则反映工程成本超支。

(4)降低率

降低率按下式计算:

$$某项目成本降低率 = \frac{本项目成本降低额}{本项目预算成本} \times 100\%$$

10.2.2　竣工工程成本表

竣工工程成本表是反映建筑企业在每一季度内已经完成工程设计文件所规定的全部工程内容,并已与发包单位办理移交和竣工结算手续的工程的全部成本的会计报表。设置本表是为了反映建筑企业竣工工程自开工时起至竣工时止的全部成本及其节约或超支情况。通过本表竣工工程成本的计算,可以积累工程成本资料,研究同类工程之间的成本水平;同时通过本表竣工工程当年预算成本同工程成本表中当年结算的工程预算成本相比较,可以分析建筑企业的竣工率和工程建造速度。

竣工工程成本表设有"工程名称"、"竣工工程量"、"预算成本"、"实际成本"、"成本降低额"和"成本降低率"等栏目,其格式举例如表 10.2 所示。其中各栏的填列方法为:

1)竣工工程量

竣工工程量指竣工工程的实物工程量,其计量单位以统计制度规定为准。

表 10.2 竣工工程成本表

编制单位:某施工单位　　　　　　　　　　　20××年第 4 季度　　　　　　　　　　　金额单位:元

工程名称	行次	竣工工程量	预算成本		实际成本	成本降低额	成本降低率/%
			总成本	其中:上年结转			
	1	2	3	4	5	6	
一、自年初起至上季末止的竣工工程累计	×	7 250 000	3 400 000	7 056 000	194 000	2.68	
二、本季竣工工程合计	×	8 876 000	820 000	8 725 600	150 400	1.69	
其中(按主要工程分项填列):							
204#合同项目(办公楼)	1 500 m²	3 638 000	820 000	3 093 544	544 456	14.9	
三、自年初起至本季末止的竣工工程累计	×	16 126 000	4 220 000	15 781 600	344 400	2.13	

2) 预算总成本

预算总成本指表内所列各项竣工工程自开工起至竣工止的全部预算成本,根据调整后的工程决算书填列。"其中:上年结转"数是指跨年度施工工程在以前年度已办理过工程价款结算、在本季度内竣工的工程预算成本。

3) 实际成本

实际成本指表内所列各项竣工工程自开工起至竣工止的全部实际成本,根据"建筑安装工程成本卡"的成本资料填列。

4) 自年初起至上季末止的竣工工程累计

"工程名称"栏内的第一项即为上季度本表的第三项"自年初起至本季末止的竣工工程累计"。第一季度编制本表时,此项不填。

10.2.3　间接费用明细表

间接费用明细表是反映建筑企业在一定时期内为组织和管理工程施工及经营管理所发生的费用总额和各明细项目数额的报表。该表按费用项目分别通过"本年计划"数和"本年累计实际"数进行反映。通过本表,可以了解间接费用的开支情况,为分析间接费用计划完成情况和节约或超支的原因提供依据。

为了反映建筑企业各期间接费用计划的执行情况,间接费用明细表应按月进行编制,其格式如表 10.3 所示。表中"本年计划"数按当期计划资料分项目填列,12 月份的间接费用明细表按当年计划数填列;"本年累计实际"数可根据"间接费用明细账"中资料填列。

表 10.3　间接费用明细表

编制单位:某施工单位　　　　　　　　20××年 12 月　　　　　　　　金额单位:元

费用项目	行次	本年计划	本年累计实际
1.管理人员工资		305 000	307 000
2.固定资产使用费		104 700	105 000
3.工具用具使用费		120 000	116 000
4.劳动保险与职工福利费		154 100	150 000
5.办公费		105 500	100 000
6.职工教育经费		25 000	15 000
7.差旅交通费		250 400	244 000
8.财务费用		20 200	17 000
9.劳动保护费		140 600	140 000
10.工会经费		20 000	18 000
11.其他费用		71 500	72 000
合计		1 317 000	1 284 000

10.3　工程成本分析

10.3.1　工程成本分析的意义

工程成本分析是指利用工程成本核算提供的成本指标和其他有关资料,借助一定的方法,通过对成本形成过程中各个阶段和各种要素进行分析对比,从而揭示实际与计划或预算的差异,以及导致这种偏差的原因的一项成本管理工作。它是工程成本核算与成本会计报表编制工作的继续。

通过工程成本分析,可以考核建筑企业成本计划的执行情况,查明成本计划完成或未完成的主客观原因,以便总结经验教训,进一步改善工程施工管理;可以正确认识和掌握成本变动的规律性,为未来成本计划的编制和工程施工管理决策人作出正确的决策提供依据;可以揭示有关单位和部门在成本管理中的经验,有利于促进增产节约工作的深入开展。

10.3.2　影响工程成本形成水平的因素

影响工程成本形成水平的因素有很多,归结起来可分为企业内部和企业外部两个方面。

1)企业内部的因素

企业内部的因素主要有:职工的素质,包括职工所具有的政治、思想、文化、技术等的水平,职工素质的高低对劳动生产率有直接影响;物资消耗和利用水平,包括材料配比、材料使用和综合利用等是否合理,直接影响材料费成本;机械设备利用程度,包括机械设备的时间利用情况和在单位时间内生产效率的高低,都会影响机械使用费成本;机构设置是否符合精简、高效的原则,生产人员和非生产人员的比例是否合适,以及费用的支出是否符合节约的要求等,都会影响间接费成本;工程质量的高低也会直接影响工程成本的高低。

2)企业外部的因素

企业外部的因素主要有:施工所处的地理位置、外购材料的价格升降、施工任务和物资供应情况、企业规模和技术装备水平等,都会影响工程成本水平的高低。

10.3.3 工程成本分析的方法

1)工程成本分析的技术方法

工程成本分析应借助于一定的技术方法。主要有:

(1)比较分析法

比较分析法又称为对比分析法,是通过将分析期的实际数同某些选定的基准数进行对比,来揭示实际数与基准数之间的差异,借以了解成本管理中的成绩和问题的一种分析方法。

比较的基准数一般有计划数、定额数、预算数、前期或以往年度同期数等。将实际数与计划数或定额数相比,可以揭示计划或定额的执行情况;将实际数与预算数对比,可以揭示成本的节超情况;将本期实际数与前期实际数或以往年度实际数对比,可以考核成本的发展变化趋势等。

采用比较分析法,应注意指标的可比性。

(2)因素分析法

因素分析法是把综合性指标分解为各个因素,研究各因素变动对综合性指标变动影响程度的一种分析方法。

运用因素分析法的基本程序是:

①确定某项指标的构成因素;

②确定各个因素与该指标的关系;

③计算确定各个因素对该指标的影响程度。

假设某经济指标 N 受 a、b、c 三个因素影响,关系式为 $N=a \times b \times c$;基准指标 N_0 由 a_0、b_0、c_0 组成,分析指标 N_1 由 a_1、b_1、c_1 组成。即:

$$N_0 = a_0 \times b_0 \times c_0$$
$$N_1 = a_1 \times b_1 \times c_1$$

$N_1 - N_0$ 即为分析对象。各因素对分析对象的影响程度可按以下方法计算:

a 因素变动影响程度为:

$$a_1 \times b_0 \times c_0 - a_0 \times b_0 \times c_0 = (a_1 - a_0) \times b_0 \times c_0$$

b 因素变动影响程度为:

$$a_1 \times b_1 \times c_0 - a_1 \times b_0 \times c_0 = (b_1 - b_0) \times a_1 \times c_0$$

c 因素变动影响程度为:

$$a_1 \times b_1 \times c_1 - a_1 \times b_1 \times c_0 = (c_1 - c_0) \times a_1 \times b_1$$

2) 工程成本分析的具体方法

工程成本分析的具体方法:从总体上对工程成本进行综合分析,初步评价成本计划的执行情况;以单位工程为对象,分析单位工程成本计划的执行情况;从各成本项目分析量差与价差因素,查明成本节约或超支的原因。

(1)工程成本的综合分析

工程成本的综合分析是对成本计划的完成情况进行总的评价,初步揭示成本计划的完成情况及原因,为进一步深入进行成本分析指明方向。工程成本的综合分析一般采用比较法,主要有:实际成本与计划成本比较,用以检查是否完成成本计划规定的降低成本指标,以及技术组织措施计划和间接成本计划的执行情况及其产生的经济效果;实际成本与预算成本比较,用以检查成本的节约或超支情况;本期成本与前期或某一基期成本比较,用以检查工程施工管理的改进情况等。

(2)按工程成本项目进行分析

为了查明工程成本节约或超支的具体原因,在综合分析的基础上,还应按成本项目进行具体分析。

①人工费分析。人工费分析的主要依据是人工费预算成本和实际成本,通过实际成本与预算成本的对比,就可以分析人工费节约或超支的原因。影响人工费节约或超支的因素主要有两个:一是工日差,即实际耗用工日数同定额工日数的差异;二是日工资标准差,即建安工人日平均工资与定额规定的日平均工资的差异。

假设某建筑企业 20××年度人工费分析情况如表 10.4 所示。

表 10.4　人工费分析表

项目	单位	定额	实际	差异
建安工人平均工资等级	级	3.7	3.5	−0.2
建安工人日平均工资	元	133.6	132.72	−0.88
工程用工数	工日	173 141	183 301	+10 160
人工费成本	元	23 131 638	24 327 709	+1 196 071

上述资料表明,人工费超支 1 196 071 元,其中由于平均技术等级低,超支工日数 10 160,因而超支人工费 1 348 435 元(10 160 工日×132.72 元/工日);由于日人工费标准低于定额 0.88元,因而节约人工费 152 364 元(173 141 工日×0.88 元/工日)。

影响人工费节约或超支的原因除按上述分析外,还应从工资构成的变化、平均工资和技术等级的升降、技普工比例和工种之间的平衡、技术工人用工和辅助用工数量的增减、工时利用的水平和工效高低等方面,深入分析主客观原因。

②材料费分析。材料费分析的主要依据是工程预算、地区材料指导价格(预算单价)和材料实际成本等,通过实际与预算的对比,找出材料费节约或超支的原因。引起材料费节约或超支的主要因素有两个:一是量差,即实际耗用数量与定额用量的差异;二是价差,即材料实际价格与材料计划价格的差异。

假设某建筑企业 20××年度主要材料用量差异分析、价格差异分析与材料费分析情况分别如表 10.5、表 10.6、表 10.7 所示。

表 10.5 主要材料用量差异分析表

材料名称	规格	单位	材料用量		数量差异		
			定额	实际	节超数量	单价/元	节超额/元
钢筋		t	2 500	2 450	−50	3 689	−184 450
水泥		t	6 000	5 400	−600	264	−158 400
灰砂砖		千块	12 000	11 750	−250	176	−44 000
（下略）							
合计							−412 350

表 10.6 主要材料价格差异分析表

材料名称	规格	单位	预算单价/元	实际单价/元	价格差异/元	实际耗用量	由于价差影响材料成本/元
钢筋		t	3 689	3 680.0	−9.0	2 450	−22 050
水泥		t	264	262.5	−1.5	5 400	−8 100
灰砂砖		千块	176	178.0	+2.0	11 750	+23 500
（下略）							
合计							−24 611

表 10.7 材料费分析表

预算成本	实际成本	成本降低额	降低率/%	其中			
				量差		价差	
				金额	%	金额	%
10 765 547	10 328 586	−436 961	−4.06%	−412 350	−3.83	−24 611	−0.23

由上述资料可见,该建筑企业材料成本降低额为 436 961 元,降低率为 4.06%,其中属于材料数量差异的因素发生的降低额为 412 350 元,属于价格差异的因素发生的降低额为 24 611 元。说明该单位材料成本降低的主要因素是材料数量的节约。

影响材料费节约或超支的原因有很多,应从以下几个方面进行重点分析:是否做好材料验收、保管和发放工作,防止材料短缺、损坏和丢失;是否充分利用和代用材料,做到修旧利废、物尽其用;是否认真执行材料消耗定额,节约材料消耗;是否认真采取各项技术组织措施,并收到预期的效果等。

③施工机具使用费分析。施工机械有自有和租赁两种,因而施工机具使用费的分析也要采取不同的方法。租赁机械在使用时要支付台班费,停用时要支付停置费,因此应着重分析台班利用率和机械实际效能,即要分析台班产量定额的工效差和台班费用的成本差等。自有机械由于类别、数量比较多,为减少分析工作量,对于大型和重点核算机械可按上述方法进行分析,一般机械可综合进行分析。在施工机具使用费分析中,在上述分析的基础上,还应重点分

析:机械化程度的变化、机械利用效率的高低、油料消耗定额的执行情况、机械设备完好率和利用率情况,以及因管理不善所造成的各种损失等。

④其他直接费分析。主要分析其他直接费中各项费用节约或超支的情况及原因,分析的方法是以预算收入(包括预算用量)与实际成本(包括实际用量)进行比较,从而找出原因、改进管理。

⑤间接费用分析。间接费用的节约或超支主要受两个因素影响:一是完成施工产值的大小对预算收入的影响;二是施工管理水平及费用支出数控制力度对费用支出的影响。其分析方法为:实际开支数与预算收入数比较,确定间接费用的节约额或超支额;实际开支数与计划开支数比较,由于间接费用中大部分项目的开支数是相对固定的,如管理人员工资、办公费、差旅费、折旧及修理费等,一般不随施工产量的增减而变动,所以按预算收入数考核实际支出的水平,往往不能真实反映间接费用节约或超支的真实水平,因此在分析时还应将实际发生数与计划开支数进行对比,就可以全面地反映其节约或超支的真实情况。

假设某建筑企业 20××年度间接费分析情况如表 10.8 所示。

表 10.8　间接费用分析表

费用项目	计划数	实际数	差额
1.管理人员工资	305 000	307 000	+2 000
2.办公费	105 500	100 000	−5 500
3.差旅费	250 400	244 000	−6 400
4.固定资产使用费	104 700	105 000	+300
5.劳动保险与职工福利费	154 100	150 000	−4 100
6.劳动保护费	140 600	140 000	−600
7.财务费用	20 200	17 000	−3 200
8.职工教育经费	25 000	15 000	−10 000
9.工会经费	20 000	18 000	−2 000
10.其他费用	71 500	72 000	+500
合计	1 197 000	1 168 300	−29 000

从表 10.8 可以看出,实际数较计划数节约 29 000 元,计划执行情况较好。但从费用明细项目来看,管理人员工资、固定资产使用费等项目均有超支现象,应进一步深入分析这几项费用超支的原因,从而采取措施,加强管理,节约费用支出。

间接费应重点分析以下内容:非生产人员的数量是否超过上级下达的定员指标,非生产用工现象是否得到改善;是否严格执行国家财政制度和费用开支标准,切实加强费用计划管理;是否按规定标准发放和有效使用低值易耗品,做到修旧利废、物尽其用。

工程成本的分析,除了上述内容外,还应从以下几个方面对工程成本进行全面分析:分析技术组织措施计划的完成情况,找出完成或未完成计划的原因,进一步挖掘节约潜力;分析合理化建议、技术革新对降低成本的作用和影响,检查有无片面追求节约而不顾质量的现象;分析开展样板工程对降低成本的作用和影响;分析实行奖励制度对降低成本的作用和影响,检查有无因奖金计发不当而影响成本的现象;分析预算成本的高低,检查有无高估多算等不合理的降低成本来源。

本章小结

工程成本会计报表是通过表格的形式对建筑企业发生的工程成本进行归纳和总结，为企业内部管理提供所需的会计信息。通过工程成本会计报表，为企业的经营决策提供依据，为工程成本分析提供资料。为了充分发挥成本报表的作用，保证成本报表的质量，编制成本报表时应做到内容完整、数字准确、报送及时。

建筑企业应编制的成本报表主要有工程成本表、竣工工程成本表、间接费用明细表等。这些报表通常是根据企业工程成本的实际发生资料、预算或计划资料进行编制，并作出对比分析，揭示成本水平和成本差异，为企业的经营决策提供依据。

工程成本分析是工程成本核算与成本会计报表编制工作的继续。通过工程成本分析，可以揭示成本差异，分析成本升降的原因，挖掘降低成本的潜力。工程成本分析的技术方法有比较分析法、因素分析法等。通过比较分析法，可以揭示成本的差异；通过因素分析法，可以查明成本升降的原因。

工程成本分析的内容主要包括工程成本的综合分析和按工程成本项目进行的分析。工程成本的综合分析就是初步揭示成本计划的完成情况，并对成本计划的完成情况进行总的评价，为进一步深入进行成本分析指明方向，一般采用比较法。为了查明工程成本节超的具体原因，在综合分析的基础上，还应按成本项目进行具体分析。对于人工费项目、材料费项目和施工机具使用费项目，应从数量差、价格差两个因素，分析节超的原因。对于其他直接费项目，应将实际开支数与预算收入数进行比较，分析各项费用节超的情况和原因。对于间接费项目，应从两个方面进行分析：首先将实际开支数与预算收入数相比较，确定各项费用的节超情况；然后拿实际开支数与计划开支数比较，就可以全面地反映其节超的真实情况。各成本项目的分析除采用上述方法分析外，还应进行重点分析，以查明成本节超的具体原因，指明挖掘成本潜力的方向。工程成本在上述分析的基础上，还应进行全面的分析。

复习思考题

10.1 什么是工程成本表？工程成本表具有什么作用？

10.2 简述编制工程成本表的一般要求。

10.3 工程成本表主要说明什么问题？它与竣工工程成本表有何不同？

10.4 什么是工程成本分析？进行工程成本分析的主要目的是什么？

10.5 影响工程成本形成的因素有哪些？

10.6 如何进行工程成本的综合分析？

10.7 如何按工程成本项目进行工程成本分析？

10.8 工程成本全面分析的主要内容有哪些？

10.9 练习工程成本表的编制。

（1）资料：见复习思考题 9.4 和 9.6，本年累计数不填。

（2）要求：根据上述资料编制"工程成本表"。

10.10　练习间接费用明细表的编制。

（1）资料：见复习思考题 7.5 及以下补充资料。

补充资料：本月计划数。

税金	工资	办公费	差旅费	固定资产使用费	工具用具使用费	劳动保险与职工福利费	财产保险费	工会经费	职工教育经费	财务费用	其他费用
3 000	131 000	43 000	10 000	6 100	6 100	235 000	3 200	8 000	7 000	20 000	10 000

（2）要求：根据上述资料编制"间接费用明细表"。